アリストテレスの哲学

中畑正志
Masashi Nakahata

Eurus
Notus
Boreas
Zephyrus

岩波新書
1966

はじめに

近くて遠いアリストテレス――

アリストテレスの入門的な本を書こうと思い立って、まず強く感じたのは、このこと、つまりアリストテレスとの距離である。一方で、現代のさまざまな哲学研究の状況を見渡すなら、アリストテレスは現役バリバリで活躍中である。現代の哲学の営みは多種多様であるが、形而上学、存在論、心の哲学、また倫理学や政治哲学の議論において、哲学者たちは、アリストテレスを盛んに引き合いにだして議論している。ときには、哲学の専門誌『マインド』の前号に論文を載せた著者であるかのように相手にしていることさえある。彼はいま、おもしろくて考えさせる話題を提供している哲学者なのだ。

時代はようやくアリストテレスに追いついてきた！　――これが哲学研究者としての私の実感である。

ところが、哲学の専門研究の外の世界へと一歩足を踏み出せば、そこではアリストテレスははるか遠くにかすんで見えるような存在なのだろうと感じざるをえない。日本の読者の大部分にとっては、とくにそうだろう。この点は、新型コロナウイルスの感染が拡がると「アリストテレスならどう対処したのか」とか、ロシアによるウクライナへの軍事侵攻が始まると「プーチンはアリストテレスの言う独裁者か」といった記事が、一般向けの新聞や雑誌に掲載される欧米とはかなり事情が異なる。日本では多少なりとも哲学や思想に関心がある人にとってさえ、たぶんアリストテレスは、あまり親しみのもてない哲学者に属するのではないだろうか。そういえば以前に日本でも、ある米国人がプロ野球チームの監督となって、「エトス、パトス、ロゴス」というアリストテレスの『弁論術』からの引用をチームの年間キャッチフレーズに掲げたことがあったが、関係者にはほとんどピンとこなかったようだ。

無理もないことかもしれない。われわれと彼との間にある時間と空間の隔たりは大きい。アリストテレスが活躍したのは、二三〇〇年以上前の、古代ギリシアの地である(二〇一六年が生誕二四〇〇年であった)。歴史のうえでは、日本はまだ弥生時代!で、中国の史書にも日本に関連する記事はまったく見当たらない頃だ。異なる思想の伝統に属するという意味で、日本に住む者とこの哲学者とは地理的にも大きく隔たっている。

とはいえ、アリストテレスの師であったプラトンなら、ほぼ同じ時代と場所を生きた哲学者であるのに、受けとられ方はかなり違うのではないか。少なくとも、プラトンに対して何か親しみのもてる人は、アリストテレスの場合よりずっと多いと思われる。

プラトンのその作品の多くは、対話のかたちで書かれている。話題も具体的でとりつきやすい。だから高校生や大学生のときに、プラトンの『ソクラテスの弁明』や対話篇を読むように薦められた人もいるだろう。しかもその作品には、どこか魅惑的な感じがある。とくに哲学に興味がなくても、たとえば、肉体への愛から始まる「プラトニック・ラブ」や両性具有への関心から、そんな話題が繰り広げられる『饗宴』を読んでみようかと思うこともありそうだ。

これに対して、アリストテレスの場合は、古色蒼然とした大哲学者という漠然とした印象があり、そしてそれだけが流布しているように感じられる。いや、印象だけでなく、もしも哲学に関心をもつ読者が、プラトンの対話篇から弟子のアリストテレスの著作へと読み進めるなら、イリソス川のほとりでの生き生きした対話から薄暗い教室での講義の場に移動したような気がするかもしれない。こんなふうに感じられたとしても、当然だろう。現在にまで伝えられている著作のかなりの部分は、少なくともそのままのかたちでは公刊されることを予期しない、むしろ講義のためのノートのようなものだったのではないかと推定されるからだ。

その内容も、何か知性のきらめきのようなもので魅惑したり、あるいはそれを読んで「勇気をもらいました」などと言えるようなものではない（イセエビの生殖器官に関心があるような奇特な人には、動物学関係の著作は楽しいと思うが）。とくに、いわゆる哲学関係の著作で展開されているのは、さまざまな見解を粘り強く吟味し批判し、そして自分自身の見解を論拠にもとづいて構築する作業である。アリストテレスにとって筋道の通った「論証」――これもアリストテレスによってはじめて明確な構造を与えられた概念だが――こそが、哲学の、そして知的探究の基礎になければならない。彼の哲学の世界では、むせかえるような思想的なオーラも、味気なくとも厳密な論証に優ることはないのだ。

こうした事情も手伝って、残念ながら、その著作も多くの人びとを惹きつけるものではない。哲学だけでなく、人類の知の歴史、そしてさまざまな領域の学問の成り立ちに関心がある人には避けて通れない存在だが、一般読者がその著作を読んでみようと動機づけられる機会は少なそうだ。

しかし、こうしたイメージが流布しているなら、なおのこと多くの人びとにあらためてきちんと紹介したいと私は思う。これが、アリストテレスです、いま哲学の現場で活躍していて、みなさんにとっても、じつは親しく大切な存在なのです、と。事実そうなのだから。もし哲学というかたちにかぎらず、何かを考えたり理解したりしようとするなら、アリストテレスは、哲学者のなかでもなじみのある存在となるはずだ。おいおい説明していくが、アリストテレスの仕事は、時間と空間の隔たりを超えて継承され、洋の東西を問わず、いまを生きる人びとの知識や考え方にまで浸透している。彼がつくりだしたり定着させたりした多くの概念やその概念を使った考え方は、こんにちまで受け継がれて、何かを考えたり理解したりするうえで欠かせないものとなっている。

もう一つ、いわゆる哲学者然としたアリストテレスのイメージを変えるために指摘しておきたいのは、彼にとって「哲学」とは、ひたすら抽象的な思弁に沈潜することではなかったということだ。たしかにアリストテレスは、論理や知識あるいは生成変化の原因といった一般的な問題について論じ、善や正義あるいは共同体の制度という大きな話題について考察を展開した。しかし同時に、星々の運行の規則性からウニの内部構造まで、法廷弁論のための論法から観劇する人びとの感情までを、きわめて具体的に論じている。ミツバチの生態観察やウナギの解剖をおこないながら自然や生命を考え、日常的な言葉づかいから世界の基礎的なあり方を探究すること、これがアリストテレスの哲学だった。「哲学」(ピロソピアー)のもともとの意味は、知を愛すること、平たく言えば、知的な好奇心からものごとを深く知ろうとすることであるから、彼はその本来の意味での「哲学者」である。

もちろん、時間と空間の隔たりのなかで、アリストテレスの考え方が見失われたこともあった。そしてある時代には、多くの分野で「無益で間違いだらけ」(トマス・ホッブズ)と断罪されたことも事実である。とりわけ、「近代的」と呼ばれるものの見方や考え方が提出されていった時代にはそうだった。近代的な思想の重要な部分は、そのようにアリストテレスを否定することでつくられたのである。また、アリストテレスに由来する概念や言葉には、彼自身が考えたところからその意味が大きく変更されたものもある。

しかしそうした事情も、いま、アリストテレスの考え方が注目され、生かされようとしている理由でもある。近代的な思想とされるものへの反省は、自然とアリストテレスへと目を向けさせるからだ。じっさい、存在論から心の哲学、倫理学、政治哲学などさまざまな思想的分野で、「アリストテレス主義者」を名乗り、またそう呼ばれる論者たちが、アリストテレス的な考えを新たなかたちで提供している。さらにアリストテレスの仕事は、狭い意味での哲学にとどまらず、さまざまな分野で別の思考の可能性を開示しうる豊かな資源でもあるのだ。

私は本書で、アリストテレスの仕事へと読者を案内することを通じて、こうした事情も同時に伝え、アリストテレスがいま活躍している現場の近くの様子も紹介したいと願っている。この時空を往復するタイムマシンを動かすために、それぞれの章では、その章の扉に、著名な哲学者や哲学史家からアリストテレスに投げかけられた辛辣な言葉を掲げたうえで、そうした言葉の背景にあるアリストテレスに対する見方をとりあげて、それを検討していくかたちで話を進めていくことを基本的な方針とした。このような対話的ないしは「弁証法的」スタイルは、こんにちでは多くの入門書に採用されており、本書もそれに倣っている。とはいえ、これも、もともとはアリストテレスのやり方に、つまり彼がものごとを探究するうえでの方法論に従っているにすぎない。

そのため、その生涯とともに思想をたどる、「聖地巡礼」ふうのスタイルは採用していない。哲学者の生き方とその哲学は、とりわけ古代世界では密接な関係にあり、アリストテレスの場合もその例外ではない。彼はある特定の時代の特定の環境のなかで生き、そして考えた。アリストテレスの哲学に向き合うためには、われわれとアリストテレスとの間にある時空の隔たりや文脈の相違に対する感覚はたしかに必要である。だが、アリストテレスの哲学は、彼の履歴書をまったく見なくても、それと対面し、それを手がかりに考えることができる内実をもっている。彼の生涯に関する一通りの事実は、補遺にまとめて記したので参考にしてほしい。

前おきはこの程度にして早速具体的に話を始めよう。一般論をぶつのではなく、できるだけそれぞれの主題に即して考えていくこと、これもアリストテレスの精神に従うことなのだから。

目次

・引用されたテキストの翻訳は、新しい『アリストテレス全集』(岩波書店)を参考にしたうえで、引用者が作成した。〔 〕による補足や傍点による強調も引用者による。
・アリストテレスの著作の箇所指示は、I・ベッカーが編纂した「ベルリン・アカデミー版アリストテレス全集」(ベッカー版と呼ばれる)の対応する頁数と行数による(aは当該頁の左欄、bは右欄であることを示す)。
・『形而上学』の巻数はギリシア文字によって表示することも多いので、漢数字の後に対応するギリシア文字を括弧内に示した。

I

アリストテレスはほんとうに重要なのか

——知的探究の行程＝方法

アリストテレスは不運な幕間狂言だったと私は見ている。
いまは、幸いなことに終わっているけれど。

——アイリス・マードック『本をめぐる輪舞の果てに』に登場する哲学者

問い

アリストテレスが活躍したのは、紀元前四世紀だ。哲学者のなかではビッグネームかもしれないし、「万学の祖」と呼ばれているらしいから、歴史のうえでは偉かったのかもしれない。でも、「万学の祖」と言ってもそれはまだ学問が十分に発達していない時代だからできたことなんじゃないか。ともかく、これだけさまざまな学問が発達したのだから、そんな昔をふりかえるのは、歴史好きの好事家以外には必要ないことだろう。

それに、個別の科学はアリストテレスの時代より、はるかに発展している。それでも哲学に求められるものがあるとすれば、そうした個別的で専門的な知識に通じていることよりも、それを包括する全体的な知ではないか。じっさい、アリストテレスの師プラトンはさまざまな知識の究極的根拠を求めて善のイデアというのを構想している。それなのにアリストテレスは、むしろ学問の分化に手を貸して、哲学に求められる役割を放棄しているのではないか。

1　現代に生きるアリストテレス

アリストテレスは、たしかに二三〇〇年以上前に古代ギリシアで活躍した哲学者だ。しかし、彼はいまを生きている。

哲学の世界にかぎるなら、このことに多くの研究者たちが同意してくれるだろう。「はじめに」で述べたように、現代の哲学者たちの多くが、さまざまな分野で、アリストテレスを参照して論じている。

しかし私が「いまを生きている」と言うのは、哲学の内部にかぎった話ではない。哲学の枠を超えて、われわれがいまもアリストテレスを使っているからだ。だから、アリストテレスの仕事をふりかえることは、パルテノン神殿を仰ぎ見て感嘆することとは異なる。むしろ民主政治とは何かを考えるうえで、古代アテナイの政治制度を顧みることに近い。

実際に使っているのにそれに気づかないこと、意識しないことは多い。それが目に見える具体的な形をもっていない場合は、とくにそうである。たとえば、本書の読者は日本語を使っている。しかし、それを意識することはあまりない。ましてや、日本語がどのようにしてかたちづくられたのかなどと気にすることはまずないだろう。

アリストテレスの仕事とわれわれの関係も、それと似たところがある。われわれは、そうとは気づかずに、アリストテレスがつくりだしたり定着させたりした概念や考え方を使っている。たとえば、ある政治家が核兵器の廃絶について「理論的には可能だが、現実においてそれを実践するのはむずかしい」とコメントしたとしよう。ここに含まれている対概念は、アリストテレスに由来する。

アリストテレス的諸概念

以下は、アリストテレスに由来する概念の例である。個別／普遍、可能／現実、理論／実践、主語／述語、実体／属性、…。アリストテレスは、こうした対概念を、既存の言葉を利用したり、ときには新しい言葉を編み出したりしながら、術語として定着させることに成功した。「本質」(essence)、「カテゴリー」(category)という概念も、アリストテレスに負っている。さらには、「物質」(matter)や「想像力」(imagination)なども、そのもとになった言葉は彼以前にも使われたが、アリストテレスの使い方に、その概念の歴史的な根がある。

もちろん、アリストテレス以前にも、いま挙げた概念によって区別されるような分類を論じる人びとは存在した。たとえばプラトンは、「言明がそれについて語るもの」という表現で、おおよそ文の主語に当たるものを言い表わそうとしている(『ソピステス』262e)。しかしそれに定まった表現を与えて固定し、概念として定着させたのは、まちがいなくアリストテレスである。

アリストテレスのおかげで、われわれの経験の少なくともある部分がそれとして特定されて、意識したり論じたりすることができるようになったのである。「セクシュアル・ハラスメント」という言葉によって、それまでも実際に起きていたことに表現が与えられ、さらにその事象について、多くの人が認知し、語り、行動することができるようになったように。

アリストテレス以外にも、多くの哲学者が、その思索を語るために独自の概念を導入してきた。そうした概念によって従来とは異なる考え方を喚起することは、たしかに哲学の一つの役割である。プロティノスの「一者」、ライプニッツの「モナド」、ニーチェの「超人」などは、その役割を果たしただろう。しかしどれも、それぞれの哲学者のブランドの付いた概念にとどまっている。これに対して、アリストテレス由来の諸概念は、すでに十分に一般的な用語となっている。しかもそれらは、たんに哲学の基礎概念というだけでなく、こんにちでは、先に挙げた架空の政治家の発言のように、日常的な思考のレベルにまで浸透しているのである。

ともかく、何かについて多少とも理論的に考えたり語ったりするために、こうした諸概念は不可欠の道具となっている。われわれはそれを使ってものごとを整理して考えることができるのだ。とりわけ世界と人間のあり方についてあらためて深く考えようとする場合には、そうである。

アリストテレスは、別に新しい概念を流行らせたり、目新しい思考法を編みだそうとしたわけではない。彼自身が世界と人間を知り、理解するために必要だったから、そうした概念を使用したのである。それらが現在にまで生き延びているのは、アリストテレスの諸概念が人間の思考のある基礎的な部分を的確にとらえていたことを示唆する。

概念の問題性

ただし、どれほど浸透していても、そのことは、コロナウイルスの蔓延が歓迎されないように、必ずしも賞賛されるべきこととはかぎらない。

第一に、それは思考の自由を奪っているかもしれない。アリストテレスの概念を使って考えることによって、そうとは気づかずに、アリストテレス的な見方に縛られたり、偏った見方に関与させられたりする可能性がある。

先ほどアリストテレスに由来する多くの対概念を挙げたが、近年では、二つの項を対比したり対立させたりする考え方は、「二項対立図式」などと呼ばれて、あまり好まれない。とくにポストモダンと呼ばれる風潮のなかで、対概念による思考の多くが、上位と下位、支配と被支配の関係に結びついていると指摘されて以来、その評判は芳しくない。また「本質」といった概念となると、ポストモダニズムだけでなく、科学哲学からフェミニズム批評に至るまで、垣根を超えて(?)広く批判のやり玉に挙げられてきた(近年は「分析形而上学」と呼ばれる分野で目覚ましい復権を果たしつつあるけれども)。そうなると、アリストテレスの諸概念が定着しそれが時代や地域の相違を超えて使用されていることは、かえって、人間の考え方と実践がいわば体系的に歪んでいることの証左としてとらえ直されることになるだろう。アリストテレスは、のちにみるように、この問題に対して応答できるある考え方をもっていたけれども、少なくともその拘束的性格には注意しなければならない。

第二に、これとは逆の可能性を述べることになるが、上記の諸概念は、その由来はアリストテレスにあるとしても、アリストテレスの考え方の媒体として機能している保証はない。先に挙げた諸概念はどれも一般的であり、当然のことながら、その解釈には幅がある。しかも、現在に至る長い年月の間、宅配便のように出荷時にパックされてそのまま受け渡されてきたわけではない。むしろその継承のあり方は、最初と最後ではメッセージが変わってしまう伝言ゲームに近いかもしれない。なかでも、アリストテレスの諸概念が歪められて伝わったのではないかという疑念を招く場面は、翻訳という作業を通過するときだろう。日本語で表わされるときには、すでにそうした移植を何度も通過しているので、アリストテレスがもともと意図していた意味とはかけ離れたものとなっているかもしれない。事実、歴史をふりかえれば、その主要概念のいくつかは大きな変容をこうむっている。

アリストテレスに由来する諸概念を使うことが適切であるか、そしてそもそもそれがアリストテレス的な思考を継承しているのか、という点は、いまあらためてアリストテレスについて語るうえで、どちらも避けて通れない話題である。本書では、そのことも考えてみたいと思っている。だが、そうしたこともひっくるめて、アリストテレスが何を考え、語ったのかを理解することは、われわれがいま使っている考え方の重要な部分の由来を知ることである。それは、われわれがそもそもどのような考え方をしているのか、そしてなぜそのような考え方をするのかをみつめ直す作業でもある。また、もし必要なら、われわれはそこからそれとは別の仕方で考えることができるのかを探る手がかりを得ることもできるだろう。

る。

2　「万学の祖」を可能としたもの

知の開拓者としてのヴィジョン

アリストテレスが「万学の祖」であると言われていることにも、いま述べたのと似かよった事情がある。彼は、その姿は見えないとしても、さまざまな知識ないし学問のなかに生きている。

たしかにアリストテレスは、多くの異なる学問分野の開拓者だった。その仕事のスケールを説明するのはむずかしい。彼が一九世紀に活躍したなら、論理学におけるフレーゲ、生物学におけるダーウィン、そして精神分析学におけるフロイトの役割を一人で務めただろう、といえば、想像がつくであろうか(ちなみに、この三人はときに哲学者としても扱われる人びとである)。圧倒的とも言える「知の巨人」である。

もちろん、アリストテレスの時代には多くの学問や研究がまだ萌芽的段階にあり、こんにちのそれぞれの研究にみられるような高度な専門性をそなえてはいなかった。しかし、それだけでは、アリストテレスがそれだけのことをなしえた理由にはならないだろう。古代世界でも、アリストテレス以前も以後も、彼のような仕事を残した人物はいないのである。天才だったから、と言うのも、説明にならないだけでなく、むしろアリストテレスの仕事ぶりを誤解させるかもしれない。アリストテレスの仕事は、天賦の素質——それももちろんあったであろうが——とか霊感やヒラメキとかいったもののおかげではないからだ。アリストテレスの仕事を可能としたもの、それは彼自身が考え抜いた知の理論と探究の方法である。

アリストテレスは、それぞれの専門分野の研究だけでなく、より一般的に、人間の知的営みの本性や構造、そして探究の方法について、またそうした知の対象となりうる世界の全体のあり方についても、多くの吟味と考察を積みかさねている。その意味で、アリストテレスは専門的な学問の開拓者や研究者だったというだけにとどまらず、哲学者でもあった。そして、このような知と世界の全体にわたる考察が、多くの分野にわたる彼の学問的な探究を支えていた。いやむしろ、アリストテレスにとって専門分野の研究とより一般的な哲学的考察は、互いを支え合い、そして進展させる知の両輪だったと言ったほうがよいだろう。それぞれの専門研究の現場と思索のための安楽椅子——アリストテレスの時代は寝椅子だが——との間を往復しつつおこなわれる探究が、アリストテレスの哲学をかたちづくっている。

アリストテレス以後、それぞれの専門領域での知は大きく拡大し、深化し続けている。その結果、アリストテレスの見解の多くは——その当時に可能だった観察結果にもとづくなら、多くはその最良の説明であったとはいえ——こんにちでは斥けられている。アリストテレスはそう主張したのだが、われわれの大地は宇宙の中心にはないし、またハエは糞の山から自然発生するわけではない。

しかし、アリストテレスの哲学的な考察は、分化と発展が進んだこんにちのさまざまな学問的な知にとっても、それが知として成立するための基礎的条件を示している。それはおそらく、さまざまな歴史的変遷を経ても、世界のあり方と人間の知の基本的なかたちには、根幹において変わらない部分があり、アリストテレスのこの一般的な哲学的考察は、その時代を超えたより普遍的な部分へと届いていたからだろう。

したがって、アリストテレスがどうして万学の祖であり知の巨人でありえたのか、そしてなぜいまも重要なのかという問いに答えるためには、人間の知のあり方と、その知の対象となる世界のあり方についてのアリストテレス自身の全体的なビジョンを示す必要がある。われわれが経験する世界はどのようなあり方をしているのか、そしてそれを経験し、学び、知るとはどのようなことなのか。——この問いに対する応答は、もちろん、アリストテレスの哲学の核心を語ることになる。

その核心部分を、あらかじめ端的に言い表わしておこう。——われわれの経験する世界は多種多様でありながら、それぞれの仕方で認識することが可能であり、また人間はそのような世界に応答できる認知能力をそなえている。さらにこの世界は、人間の知的な進展に呼応してそのあり方が開示されるような、知的な深さをもっている。したがって探究を通じてわれわれは世界を知的に理解することへと至ることができる。その探究の全体がアリストテレスの哲学である。

この核心部分を具体的に説明することが、本書全体の課題である。以下ではまず、第Ⅰ章で知を希求する人間の自然本性というアリストテレスの考えを概観する。そのうえで、第Ⅱ章で倫理と社会にかかわる考察を見届けたのち、第Ⅲ章と第Ⅴ章ではその知的探究によって知ることができる世界について、第Ⅳ章では、知的探究と世界との関係についてのアリストテレスの基本的見解をたどってみる。

知的探究の一般的枠組

まずアリストテレスの知的探究の方法を紹介しよう。アリストテレスは探究の方法論についてきわめて意識的だった。たしかな「知の技法」「知的生産の技術」をもっていたのだ。それは、二段構えであり、知的探究についての一般的枠組とそれぞれの主題に即した個別的方法論から構成される。

探究の一般的枠組は、知的探究全般に妥当する——とアリストテレスが考える——方法である。したがって、狭義の哲学だけでなく、多くの分野の研究に有効である。現代の学生がレポートを作成するうえでも、十分参考になるだろう。それは、次のように表わすことだってできる。

「4×4」——大切なのは、四つの「し」だ。——信頼せよ、収集せよ、習熟せよ、そのようにして「なぜか」を知れ。

「料理のさしすせそ」ふうに表わしたのも、アリストテレスが（おおかたの哲学者とは異なり）、知の方法について明晰に考えていたことを示すためだ。もちろんそれは、たんなるマニュアルではない。そこにはアリストテレスの独自の考え方が色濃く反映されている。

人間のピュシスと知

まず、「知る」ということ、つまり知に対するアリストテレスの態度の基本となるのは、人間の知的欲求の肯定と知的能力への信頼である。

彼の主著と言える『形而上学』という書は、次の言葉で始まっている。

すべての人間は、自然本性によって知ることを求める。（『形而上学』第一（A）巻第一章980a22）

この言葉は、「すべての人間は生まれながらにして知ることを欲する」と訳されて、一般に流布している。そう訳すこともまちがいではない。しかし「生まれながらにして」ではなく「自然本性によって」と硬い調子で訳すことには、理由がある。すなわち、もとになっている言葉「ピュシスによって」のピュシスは、自然本来のあり方（英語だと nature）を表わしているが、この「自然本来のあり方」は、少なくとも人間の場合に、「もって生まれた」「生得的な」という意味にかぎられないからである。ピュシスは、成長や発達という時間的プロセスと養育や教育という社会的プロセスのもとでかたちづくられることを含みうる概念である。このような可塑的なピュシスの概念は、この後本書で見届けるように、アリストテレス哲学のかなり根本的な部分に位置している。

またアリストテレスは、人間に知的欲求という「自然本性」を認めるだけでなく、『弁論術』

という著作で、さりげなく、しかしもっと過激なことを言っている。

人間はもともと真なるものを目指す自然本性(ピュシス)を十分にそなえており、ほとんどの場合、実際に真理を手に入れている。(『弁論術』第一巻第一章 1355a15-17)

これはあまりに楽観的な、むしろ傲慢な見方だと思われるかもしれない。哲学の歴史をふりかえれば、いっそうその感を強くするだろう。これまで多くの哲学者たちが問題にしてきたのは、そもそも真理や知識が獲得可能であるか、あるいは獲得した認識が真理や知識であることがどのように保証されるのかということだからである。なかでも、真理や知識を手に入れることの可能性を真剣に疑う懐疑論者と呼ばれる人びとは、アリストテレスを厳しい査問にかけるだろう(この問題については後で触れる)。

だが、それ以前に、哲学の枠にとどまらない、真剣な対応を迫る問いが存在する。人類の歴史は、多くの重大な過ちに満ちている。それも天動説や燃素、あるいは骨相学といった理論的な誤りだけではない。魔女狩り、強制収容所、ハンセン病への差別など深刻な被害をもたらした事象には、重大な無知や誤った認識が大きく関与している。また現代においては、人間の知への過信は、環境破壊や原発事故などのとりかえしのつかない結果を招いているのではないか。

思想的伝統への挑戦

古代ギリシアの思想的な伝統も、人間の知的傲慢を戒めてきた。神ゼウスを出し抜こうと火を盗んだプロメテウスは、人間にさまざまな苦難を招くことになった。オイディプスの過剰なまでの真理の追究は、文字通り悲劇的な結末を迎えている。だからこそ、デルポイのアポロン神殿に掲げられた箴言は、「汝自身を知れ」と人びとに命じ、「身のほど」を弁えること、とりわけ神に対する人間の有限性を自覚することを促している。

もちろん、アリストテレスも、この知的伝統によく通じていた。事実、先ほどその冒頭の言葉を引用した『形而上学』において、ものごとの第一の原理原因を探究するという試みを開始するにあたって、彼はそうした思想的伝統を次のようにたしかめている。「このような第一の原理原因の知識を所有することが人間業《わざ》ではないと考えられるのも、当然だろう。人間たちの自然本性(ピュシス)は多くの点で隷属状態にあるからである。したがって、詩人シモニデスによれば「ただ神のみがこの特権を有するであろう」から、知識を追究するのに自分自身の分限を超え出ることは、人に不相応な所業である」(『形而上学』第一(A)巻第二章 982b28-32)。

しかし、とアリストテレスはすぐさま反撃に転ずる。「詩人たちはよく嘘をつく」のだ。たしかにそうした知は神にふさわしいものかもしれないし、「神的」と呼びうるだろう。だが、それが「われわれの探究が到達すべき目標」であり、したがってわれわれが獲得しうる知も、ある意味で神的性格をもっているのである(同 983a2–12)。

アリストテレスは、ギリシアの知的伝統に抗っている。彼は、その点にかぎれば、異端児であり挑戦者だったのだ。

探究の行程

アリストテレスは、知を希求する人間の知的能力を信頼していた。ただ信頼していただけでなく、その能力を発揮し実りある探究を可能とするために、知についての分析と反省をおこなっている。

アリストテレスは、自分自身の研究も含めた知的探究の一般的な行程を、多少の表現の相違はあれ、次のような言葉で繰り返し表明している。——「われわれにとって知られることから事柄の本性に即して知られることへ」(『分析論後書』第一巻第二章 71b33–72a5,『自然学』第一巻第一章 184a16–21,『魂について』第二巻第二章 413a11–13,『形而上学』第七(Z)巻第四章 1029b3–5,『ニコマコス倫理学』第一巻第四章 1095b2-4 など）。

探究の出発点となるのは、「われわれにとって知られること」である。それは、ある事象の探究に臨むにあたって、手許にあったり、とりあえず得ることができたりするデータや情報、さらにすでに提出されている意見や考え方である。このようにそれが含む範囲が広いのは、出発点となるものが、探究する分野や事象によって異なるからだ。現在の自然科学であれば観測や実験のデータ、社会科学であれば種々の調査や統計などであるが、哲学なら言葉の使用法や日常的直観も「われわれにとって知られること」であるだろう。それに加えて、いまやどの分野であっても、権威ある専門誌に掲載されている有力な見解や主張が含まれる。アリストテレスは、そのように広く受け入れられた通念や有力と思われている見解を「エンドクサ」と呼ぶ。

探究はゼロ地点から始まるのではない。探究される事柄についての情報やデータや観察記録を、いったんは受け入れたうえで、それを分析し吟味することによって、対象についてより精確な知へと至ることができる。事情は、哲学においても同じである。ときとして、常識的な見方をすべて拒否したり、いかなる前提ももたずに思考することこそが哲学であるかのような言説がおこなわれることがあるが、少なくともアリストテレスはそうした考え方を受け入れない。

むしろ学問研究にかぎらず、データや先行見解を踏まえることは当たり前のことではある。

けれども、アリストテレスのようにそれを明言し、そして実践することは、二重の意味で重要な意義をもっている。その一つは、探究の進むべき途を、探究の方法として自覚的に、そして明確なかたちで提示することである。アリストテレスは、「探究の行程」を示すことを通じて、知識を獲得する方法の理論を提示したのだ（方法 method の語源でもあるギリシア語「メトドス methodos」のもともとの意味は「道行き」「行程」である）。それゆえ、探究の方法それ自体もまた議論の俎上にのぼることになり、方法論として不適切であれば、再考することができるのである。

情報の収集

さらに、「われわれにとって知られること」から始めるこの方法論は、「それぞれの研究課題にとって必要かつふさわしい情報を十分に収集すべし」という規範的な意味をもっていた。事実アリストテレスは、そのことを驚くべき仕方で実践している。

きわめて印象的なのは、生物の生態や構造についてのデータ収集である。アリストテレスの動物に対する観察の鋭さや精密さは、現在の生物学者からも高く評価されている。しかし、動物学関係の書の記述は、彼自身による観察の記録ばかりではない。叙事詩や歴史書、そして医学書の記述、民間伝承や漁師などの経験談といった、いわばフィールドワークにもとづくものを数多く含んでおり、そのデータの量と多様性がいまでも読む者を圧倒する。生息する生物とその生態はそれぞれの場所によって異なるので、それだけのデータにもとづいた考察が要求されるのである(本書第Ⅲ章参照)。

また、アリストテレスの政治学的考察の基礎には、多くのポリスの国制や運営についての大規模な調査の試みがある。彼自身が、さまざまなポリスの制度についての情報を収集しそれにもとづいて政治学的考察を遂行することを告げており、じっさいに一五八のポリス(「都市国家」と呼ばれることもある)の制度誌がアリストテレスの著作として伝えられている(本書第Ⅱ章参照)。

もちろん、こうした調査や情報の収集のすべてを、アリストテレスが単独で実践したということはありえない。彼が創設して運営した学園リュケイオン――フランス語の「リセ」の語源――のメンバーの協力は欠かせなかったであろう。とくにさまざまなポリスの制度の情報収集という場合は、アリストテレスの果たした実質的な役割は、研究のプログラムを提示し、調査の全体を指揮することだったかもしれない。もしそうであれば、アリストテレスは、複数の科学者が共同して一つの研究を進める現在の自然科学や一部の社会科学の研究スタイルまでも先取りしていたことになるだろう。もしかすると、その著作として伝えられるもののなかには、現在の自然科学分野の論文のように、複数の著者のなかで、アリストテレスが筆頭著者の役割を果たしたと言えるものも含まれているかもしれない。

このように、いわば他者を介しての調査や研究が、その知的実践の基礎の一部を担っていた。このことは、アリストテレス自身の知的功績を何ら損なうものではなく、むしろその卓抜さを示すものだ。人間の知的能力に対する信頼が、「われわれにとって知られること」としての出発点となる情報の範囲を大きく拡大することを可能としたのである。こうして、それぞれの土壌から豊かな養分を摂取することによって、アリストテレスの探究は、豊かな実を結ぶことができたのだ。

哲学史の最初の試み

アリストテレスによるこの探究の行程＝方法の実践が、哲学の歴史のなかで顕著な成果を挙げた例がある。「哲学の歴史」を語ることそれ自身である。

この仕事の意義を理解するためには、まずわれわれが古代ギリシアの文献を読むときに忘れがちな事情にあらためて注意する必要がある。古代ギリシアの文化の基本的な環境は、読み書きや文字による伝達(リテラシー)よりも、音声による伝達(オラリティー)を中心としていた。叙事詩をはじめとして悲劇や喜劇に至るまで、つまり韻文の作品にはこのことは顕著であるが、オーラルな性格は、散文も含めたいわゆる literature の全体に浸透している。西洋古典の研究者のなかには、「「ギリシア文学(Greek literature)」という言葉は撞着語法(矛盾した言葉を含む表現)だ」と言う者さえいる。literature というのは literate から派生した「書かれたもの」という意味をベースとした言葉だが、「ギリシア文学」と呼ばれる営みはオーラルなものを基本にしているからだ。アリストテレスの時代でも、そのような文化環境は続いていた。そのなかで、アリストテレスは、文字資料の重要性をはっきりと語り、過去の哲学者の見解も書き留めて検討すべきことを主張している(『トポス論』第一巻第一四章 105b12–18)。この研究スタイルが当時としてはかなり特異だったことは、いくつかの逸話からもうかがうことができる。

そうした研究方法から生まれた成果の一つが、史上はじめての、そして最も影響力の大きい、哲学史の記述である。タレスが最初の哲学者であるとか、哲学のはじめは自然哲学であった、などという、いまだに広く流布しているギリシア哲学史のストーリーは、もとをたどれば、最終的にはすべてをアリストテレスの『形而上学』第一(A)巻の記述に負っている。それを現代の批判的な目でみるなら、歴史記述として多くの問題や誤解を含んでいるのはたしかであるが、もともとアリストテレスがもくろんだのは、哲学の歴史を精確にたどることではない。その目的は、自分が参照すべき先行見解を系統的に整理し問題を洗い出すこと、「われわれにとって知られること」の一部をたしかめることだった。これは、文字資料を重視しそれを使うことによって可能となった仕事である。

当時としては最新のこうした研究スタイルによって、研究の出発点となる「われわれにとって知られること」の範囲は時間的にも大きく拡張され、はるか以前の哲学者たちの見解もそこに含まれることになった。タレスの後に続くとされるアナクシマンドロスやアナクシメネスのような哲学者たちは、アリストテレスのデータ渉猟のおかげで、哲学史に名を残すことができた(現在に残る文献資料では、この二人の名は彼らが活躍した時代より二百年ほど後のアリストテレスのこの記述のなかではじめて登場する)。アリストテレスは、このようにして、多くの過去の哲学者とも対話しつつ、自身の求める知を追究したのである。

アリストテレスの仕事を可能とした第一の要素は、人間の知的欲求の肯定と知的能力への信頼であり、それにもとづいてそれぞれの領域にふさわしい十分な情報を収集することである。

知的探究の行程を構造化する

言うまでもなく、大がかりに情報を収集すれば、それが自動的に知的成果へと結びつくわけではない。一つの知へと結実するためには探究というプロセスを経なければならない。言い換えるなら、アリストテレスが追究したり考察したりした知とは、探究する、あるいは学び知るという時間的プロセスを伴う活動と不可分な関係にある。

われわれの「知る」という言葉は広い意味をもっている。ネットのニュースで試合の結果が一行流れたのを見ただけでも、「今日はバルセロナが勝ったの知ってる?」と尋ねられれば「知ってるよ」と答えるだろう。この、「見る」に近い「知る」という用法をアリストテレスも認めないわけではない(じっさい「知る」「知っている」を一般的に意味するギリシア語 oida(私は知っている)は「見る」を意味する動詞の完了形である)。一行のニュースだけであっても、それが信頼しうるたしかな情報源であるなら、それにもとづいて「知っている」という権利はあるだろう。

しかし、「知っている」ことのなかには、別のかたちの知も含まれる。アリストテレスにとって、「知る」とは、まず第一に、探究を通じて得られる知である。つまり、ある事物や事象、ないし現象について、その原因や原理、あるいは根拠を知ること、「なぜそうなのかを理解する」ことを、彼は求め、獲得し、またそうした知について考察したのである。「われわれにとって知られることから事柄の本性に即して知られることへ」というスローガンも、基本的に、そのような原因や根拠の認識へと至る行程＝方法を告げるものであった。

この「行程」と「方法」を意味する「メトドス」という言葉を、アリストテレスはさらにその探究ないし学問的知識そのものを表わすためにも使っている。この事実は、アリストテレスにとっての学問的知識は、できあがった体系であるよりも、そうした行程＝方法を含む営みであったことを示唆している。

「ことの知」から「なぜの知」へ

アリストテレスは、この探究の行程＝方法を、さらに次のように明確化している。月蝕という、身近でありながら、古代もいまも人びとの興味をかきたてる現象の探究を例とすれば、出発点となるのは、(i)「月蝕が起こること」ないし(ii)「月が蝕すること」を把握する知である。他方で、探究が目指すのは、(iii)「月蝕とは何か」を知ることであるが、その定義的な知は、(iv)「なぜ月が蝕するのか」を明らかにするものであってこそ実質的な意味をもつ。そしてこの月蝕の例が示すように、アリストテレスにとっては、(i)と(ii)、(iii)と(iv)は基本的に一致するので、前者のタイプの知を「ことの知」、後者のタイプの知を「なぜの知」と呼ぶことにする。

求められる知は、「なぜ」の説明を伴うものであるから、単独の命題では表現できない。一つの命題だけをいくら大声で言い張っても、それは知の主張にはならないのである。知の表明であるためには、探究される事象を表わす命題とともに、その事象の原因や根拠に言及してそれを説明する命題を示す必要がある。「知っている」「理解している」ことの内実は、命題の間の関係として構造化して描きだされるのである。

「論証」の理論

そのような命題間の関係を説明するために、アリストテレスは自分自身が創始した「論理学」を惜しげもなく使用し、その関係を一つの推論の形式にして提示している(「惜しげもなく」というのは、この「論理学」の創造は偉業というしかなく、その意義を大いに誇ってもよいからだが、この点についてはコラム1を参照)。先の月蝕の場合だと、月蝕という現象を表わす命題、つまり「月が蝕する」という命題をその理由や根拠を示す命題と関連づけなければならない。アリストテレスは推論のかたちでそれを提示する。

月は　地球に遮られる
地球に遮られるものは　光を欠如する
∴月は　光を欠如する(蝕する)

この推論がただしいことは、すぐにわかるであろう。しかしなぜただしいと言えるのだろうか。このことに史上はじめて明確な答えを与えたのがアリストテレスである。彼は、この推論のただしさを、次のような妥当な推論の形式に当てはまることに訴えて証明している。

AはBである
BはCである
∴AはCである

Bを媒介としてAとCをつなぐという三つの項の形式的関係がこの推論のただしさを保証する。そしてこの推論の形式が、アリストテレスの求める知の基本的構造を示している。

まず、月蝕に関する先の推論の結論は、月蝕という現象の存在、すなわち月が蝕するという事実を述べている。これは探究の出発点となる事象であり、「ことの知」の対象である。これに対して、それを導く二つの前提は、その現象の原因や理由を表わしている。なぜなら、結論の主語と述語を媒介するB、すなわち「地球に遮られること」が、探究の対象である月蝕の原因を端的に示しているからである。このように、前提が結論の理由や根拠を示す推論を、アリストテレスは「論証」(アポデイクシス)と呼ぶ。「論証」は、月蝕という現象に関する知の構造を推論の形式で可視化している。

同時にこの論証を通じて、アリストテレスは、探究という知の行程のあり方をも説明している。重要なことは、「ことの知」を示す命題が論証の結論の位置を占めているということだ。つまり説明される事実ないし「こと」は、それを導く推論を構成できるものとして把握されること、言い換えれば、それを説明する何らかの原因・根拠をもつ事象として理解されているということである。探究の端緒となる「ことの知」とは、「それに原因(=中項B)があるか否か」を把握することと同じことだ、とアリストテレスが言うのはこのことを物語っている(『分析論後書』第二巻第八章 93a30-32)。月蝕という事実は、まだその原因は特定されていなくても、論証構造のうちに入るべく把握された事実なのだ。月蝕という現象を、世界各地の民間伝承ではそうであるように、災厄の予兆など不吉な事象としてだけ受けとるならば、それは単独の命題として理解され、それを結論とする論証の構成、つまり探究の行程へは至らないかもしれない。しかし「われわれにとって知られること」としての事実の把握は、ただそれだけにとどまらず、探究へと至る文脈を開く力をもっているのである。月蝕は、探究の文脈においては、説明されることを渇望する現象なのだ。

それは、言い換えれば、知的欲求というピュシスをもつ人間がそのような仕方で当の現象を見てとっているということでもある。『形而上学』冒頭の「すべての人間は、自然本性によって知ることを求める」存在であるという言明も、人間が、たんにあれこれの知識の量を増やすことを欲しているということではなく、原因や根拠へと開かれた知を希求する存在であることの表明であろう。

経験的習熟の役割

アリストテレスは、このような、論証へと至るべき現象の把握のために、当該分野での「経験的習熟」の必要性を説く。

「経験的習熟」とは「エンペイリアー」というギリシア語の訳語だが、このギリシア語はempiricalなどの語源なので、通常は「経験」と訳される。たしかにこの言葉は何かを実際に見ることや、みずからやってみることを意味するが、さらに、そうした経験を通じて何かに慣れたり、親しんだりするという意味を伴うことが多い。アリストテレスがこの言葉を探究や知の形成過程において使用するとき、それが意味するのも、たんなる出来事や単発的な体験ではなく、ある同じ事柄や類似した事例についてみずから多くの観察や実践を重ねることではじめて身につけられるものであり、とりわけそうして得られる認識の活動ないしは能力である。

> こうして、われわれが主張するように、感覚から記憶が生じ、同じ事柄について繰り返される記憶からエンペイリアーが生じる。というのも、数のうえで多くの記憶が一つのエンペイリアーを構成するからである。そしてエンペイリアーから、あるいはむしろ、魂のうちで静止している普遍全体——それは多くの事柄から離れて、そしてそうしたすべての場合に内在する一つの同じものである——から、技術と知識が生成する。(『分析論後書』第二巻第一九章 100a3–8)

知の行程におけるエンペイリアーとは、経験を通じてある事象に習熟することである。経験的習熟のためには、多くの感覚知覚経験とその記憶が必要であるが、その記憶の蓄積がそのまま経験的習熟ではない。それらが一つ一つにまとまらなければならないからである。つまり、経験的習熟においては、蓄積された個別的記憶が、何らかの仕方で相互に関係づけられる。アリストテレスは、「カリアスがこれこれの病気になったときこれこれの処方が効果があり、ソクラテスの場合も他の多くの個別的事例の場合もそうであった」という例を挙げている。これはまだ、個々の事象が何らかの仕方で関係することの認識であり、完全に普遍化された認識ではないし、アリストテレスの求める原因根拠の知でもないが、そこに至るのに必要なステップである。なぜなら、経験的習熟によって見出される個別事象の連絡関係は、世界に潜在しているある普遍的な関係やさらには原因の所在を示す道標だからである。

アリストテレスが提示した、「論証」を通じての知識と探究の構造化と解明は、きわめて鮮やかである。しかし経験的習熟による認識は論証のなかに明示的に述べられることはないので、探究におけるこのステップはときとして見落とされたり軽視されたりしがちだった。アリストテレス自身も、知的探究における経験的習熟という契機を重視し言及するが、この概念について体系的に整理したかたちでは語ってはいない。しかしそのことは、むしろ経験的習熟という概念にふさわしいであろう。実際の探究や研究において、個別的な事象や現象を調査したり実験したりする過程やそれを記録し整理する作業は、かならずしも一般命題として表わしたり定式化したりできるものではないからだ。だが、探究を遂行するうえで、不可欠の行程である。次の言葉は、プラトンやプラトン派の哲学者たちへの批判も含む、自然探究の現場に立つアリストテレスからの発言と言えるだろう。

> 同意されている諸々の事柄を総観する能力の低下を招く原因は、経験的習熟の欠如である。それゆえ自然的な事象により多くたずさわってきた人びとは、広範な事象につながりをつけうる始原を前提とすることに、より長けているけれども、他方で多くの議論に打ち込むあまり、現にある事実の考察を怠ってきた人たちは、少数の事実に着目しただけで、より安易に意見を表明してしまうのである。(『生成と消滅について』第一巻第二章 316a5–10)

自身が多くの分野で実際に探究にたずさわったアリストテレスならではの発言である。現在では、科学哲学ないし科学方法論上の見解とみられる彼の考察も、たんなる思弁ではなくそうした探究の実践に根ざしていたのである。

学的知識の構造

論証を通じて示される探究と説明の構造は、さらに「〜学」と呼ばれる一つの領域の学問ないし知識の全体においても成立する。

一つの学的知識は多くの命題によって構成されている。各命題は、一方が他方の原因や根拠を示す関係で結ばれる。たとえば命題pは、その命題の理由や根拠を示す他の命題qによって根拠づけられ、その命題qは他の命題rによって根拠づけられる、というように。しかし、この根拠づけの関係は、無限に遡ることはない。言い換えると、それぞれの学的知識は、それ以上遡ることのない前提をもつ。

学的知識の前提となるのは、それぞれの知の領域に固有の原理とすべての知の領域に共通する原理である。固有の原理の一つは、それぞれの知的領域において最も基礎となるタームの定義であり、たとえば数学の場合、単位となる「一」について「分割されない量」という定義がその一例である。もう一つは、その知識に固有で他の知識によって証明することのできない「基礎措定」であり、「一が存在する」がその例である。いずれもそれなしでは(当時の)数学が成り立たない原理である。他方、すべての知に共通の原理は「公理」と呼ばれる。最も重要な公理は、無矛盾律(アリストテレスの場合は「SがPであり、かつPではないということはない」と表現される無矛盾原理)であろう。この公理は、すべての知識が従うべき原理である。

学的知識は、それぞれの知に固有の原理のうえに成立している。したがって他の分野の知識によって正当化されたり是認されたりする必要はない。その意味で、それぞれの学的知識は相互に自律的である。たとえば幾何学は点や線の存在を基礎措定とするのに対して、動物学は生きている動物の存在をその基礎措定とするだろう。そして、それぞれの基礎措定は、それを出発点として成立するその知識自身によっても、また異なる基礎措定から出発する他の知識によっても、論証することができない。幾何学の知識と動物学の知識は、相互の間でもあるいは何か別の知識によっても一方に還元されて吸収されてしまうということはないのだ。

もちろん、それぞれの知が自律的であることは、相互に関係することを少しも否定しない。知の間には、当然ネットワークが存在する。たとえば、のちにみるように、いわゆる形而上学は自然学的考察と論理学的考察の成果を使用し展開されている。しかしそうした連絡は、論証の構造にみられるような、一方が他方の不可欠の基礎的前提となるという基礎づけの関係にあることを意味しない。

したがって、研究の出発点となる「われわれにとって知られること」もそれぞれの研究領域に応じて異なる。各分野の研究を進めるうえでまず必要なのは、その領域にふさわしい十分な情報である。知的営みはそこから出発し、それぞれの領域における原理や原因の理解という、

「事柄の本性に即して知られること」へと至るのである。

以上の方法論的考察が、アリストテレスが新たに知の領域を開拓するのに大きく寄与した。それは砂漠にいきなり人工都市を造るような作業ではなかった。それぞれの土地の気候や地質を十分に調査し、そこにふさわしい作物の育て方を考え、そして自らその栽培と収穫を実践したのである。

知の機能	知の性格	知の区分	対象の性格
ソピアー(知恵)	観想・考究的	数　学	他の仕方ではありえない
エピステーメー(学問的知識)		自然学	
ヌース(知性, 思惟)		神　学	
プロネーシス(思慮, 実践知)	実践的	倫理学・政治学	他の仕方でありうる
テクネー(技術)		制作術	

3　知の多元性と自律性

知を仕切る

知についての以上の理解のもとで、アリストテレスは、われわれの知的営みを上の表のように大きく区分する。

これは、知の性格や対象の相違にもとづいた分類である。知識がこのように体系的に区別されたのは西洋の思想史上はじめてのことである。しかもこの区分の基本的な部分は、現在でも通用している。たとえば、知を分類するうえで、理論的(theoretical)知と実践(practical)知との区別は最も基礎的なものであろうが、それは、アリストテレスの観想ないし考究(theōria)と、行為(praxis)および制作(poiēsis)の対比に由来する。

アリストテレスはこの区別を、観想・考究的知と実践的知は「類(ゲノス)において異なる」と表現している。〈類〉において異なるというのは、人間と動物との差異でなく動物と植物との差異のように、より全体的な相違であり、二つの知の間の区別は明確である。

＊ アリストテレスにおいて、従来「観想」と訳されてきた「テオーリアー」の主要な意味は、たんに眺めたり瞑想したりすることではなく、知性や知識などの知的能力を発現したり行使したりする活動、つまり考えたり理解したりする活動を表わすので、「考究」という言葉を補う。

自然的世界の認識と実践的知識

この知の区分という点でも、アリストテレスは革新的であり、人間の知的な営みの歴史に決定的な影響を与えた。彼以前の多くのギリシアの思想家たちは、自然的世界の認識と実践的な知識との間にこのようなはっきりとした区別を想定していない。むしろ、それぞれの仕方で両者の一体的関係を想定していた。

たとえば、現存する資料のうちで、いわゆる哲学者自身の残した言葉として最古のものは、アナクシマンドロスの「存在するものにとって、そこから生成するものへと、消滅もまた必然に従ってなされる。なぜなら、それら存在するものは、交互に時の定めに従って、不正に対する罰を受け、償いをするからである」という言葉である。生成と消滅という自然現象を「不正の償い」という語彙で説明するのは、世界のあり方と人間の生きるべき仕方とを直結させる思考を端的に示している。

エンペドクレスが宇宙のサイクルと魂の浄化とを重ねて考えたり、ピタゴラス派と呼ばれる人びとが数学的対象を世界を構成する原理であるとともに人間の生き方を導くと想定したりしたことも、このような考え方を受け継いでいる。そしてアリストテレスの師プラトンもまた、この伝統を真っ直ぐに継承していた。彼は、存在と認識の最終的な原理として〈善のイデア〉を構想し、最終的にすべての知が何らかの包括的な価値的原理にかかわることを示唆している。

こうした思想的な伝統のなかで、アリストテレスの明確な区分は挑戦的と言ってよい。アリストテレスは、このように線を引くことで、自然科学的知識と倫理的知識、事実の認識と価値の認識との関係というかたちで、現代に至るまで論じられている問題をあからさまにしてしまったと言える。

もちろん、この明確な区別に対しては、こんにちでも多くの議論がある。というより、これを「ギリシア的対置」と呼んで指弾したリチャード・ローティを含めて、この区別が話題になるのは、批判の対象となる場合がほとんどである。我が師である藤澤令夫は、プラトンの立場から、人間の知が全体として一体的であることの重要性を説いてやまなかった。だから、アリストテレスの主張を次のように批判的に総括している。――「このことによって、人間の行為のあり方と、善・悪、正・不正といったその規範に関わる考察は、いまや観想的学問からは原則的に締め出されることになった」のであり、「「観想的生活」(vita contemplativa)と「実践的・政治的生活」(vita activa)との対置…は歴史のなかで伝統的に定着することになった」と(『哲学の課題』)。

倫理的知のアリストテレス的な理解については次章で考察するので、ここでは次のことだけを指摘しておこう。アリストテレスは、この二つのタイプの知を区別するが、両者の間を絶縁させたわけではない。たとえば人間の倫理性と政治性についての彼の考察の背景には、人間が動物の一種であるという認識および動物についての彼の豊富な知識が存在する。あるいは残念な例ではあるが、『政治学』における女性の社会的地位についての扱いには、オスに対してメスの能力や役割を低くみるような動物学関係の書での見方が関係しているであろう。

しかし、重要なことはアリストテレスにとって、実践的知識は自然学その他の知に還元されたり基礎づけられたりする関係にはないということだ。人間の行為の倫理性は、生物としてのヒトの生態とは独立であり、後者の知見によって脅かされることのない、独自の特性である。「哲学」は、以上のような多元的な知の構想のなかで位置づけられる。自然学も、いわゆる倫理学や政治学――「人間にかかわる事柄の哲学」と呼ばれる――も、そして形而上学も、アリストテレスの考える「哲学」の広い傘の下に入る。しかしどれか一つに吸収合併されることなく相互にネットワークをつくりながら、それぞれの分野にふさわしい仕方で探究されるのである。

まとめよう。人間は知を希求し、そしてその知的能力は信頼するに値する。それゆえ、得られる情報やさまざまな先行見解を十分に収集し参考にすべきである。そしてその探究は、事実や現象の存在を把握する「ことの知」からその原因や根拠を説明する「なぜの知」へと向かう。さらに、その知の行程と構造は「論証」のかたちに表現可能である。そのようにして成立する学的知識は、それぞれに固有の基礎措定にもとづいて成立し、他の知識による正当化に依存することのない、自律的な性格をもつ。

このような探究の一般的枠組を提示することを通じて、アリストテレスは、それまでの知的伝統とは異なるあらたな思考の方向を示し、そしてこの枠組にもとづいて探究を実践した。もちろんまだこのアリストテレスの考えについても「なぜ」の知を求めることができる。なぜ人間の知的能力は信頼できるのか。またなぜ世界の諸事象はわれわれに知られうるのか。本書は、以下で、こうしたことについてのアリストテレスの考えを明らかにしていくであろう。

コラム1　論理学の創造

アリストテレスが新たに開拓した知の領域のうちで、「論理学」ほど「創造」という言葉がふさわしい領域はない。アリストテレス自身も「この仕事をほぼ無の状況から始めたのだ」と、彼には珍しく自負をもって語っている(『ソフィスト的論駁について』第三四章183b15-184b8)。

もちろんアリストテレス以前の人びとも、筋道立った思考によって真理が導かれることを主張した。プラトンの描くソクラテスの対話には、そうした推論が溢《あふ》れている。アリストテレスの仕事が画期的であるのは、ある考え方の筋道がただしいかどうかを、推論の形式の妥当性として示したことである。

その形式は、最も単純なものだと、本文(二六―二七頁)で言及した推論のようなかたちで示される。これはいわゆる三段論法(syllogism)であるが、その語源となった「シュロギスモス」はより広く、推論、とりわけ演繹推論一般を意味する。

演繹推論を構成する各命題は、主語と述語という項(ホロス)からなる。推論の妥当性はこの項の関係にもとづいて示される。アリストテレスの工夫は、主語と述語の各項の表現のためにアルファベットの文字をいわゆる変項として使用したことにある。おかげで、個も普遍も、抽象的なものや架空のものも、そこに代入できる(それゆえ、後の時代にまとめられる幾何学の古典エウクレイデス『原論』などよりもその形式性は高い。幾何学の推論では「三角形」などの特定の概念を使用するからである)。

アリストテレスはこの項の関係を整理して、前提となる命題の主語と述語の配列の仕方(これを「格」と呼ぶ)、および全称か特称か、そして肯定か否定かという点を組み合わせて、推論の形式を分類し、そのなかの妥当な推論の形式を確定した。日常的な推論や科学的な推論など非形式的な推論は、このように分類された推論形式のどれかに変換できるので、その妥当性は変換された推論形式の妥当性によって判定される。

アリストテレスはさらに、妥当性の明白な推論形式にもとづいて、それ以外の推論形式の妥当性を証明するという手続きをとっている。そしてすべての推論は「すべてのAはB、すべてのBはC↓すべてのAはC」と「いかなるAもBでない、すべてのBはC↓いかなるAもCでない」という二つの普遍的推論に還元できると主張している。これは推論に関する真理を考察するという意味で、メタ論理的考察である。さらに「可能性」「必然性」にかかわる様相論理にまで踏み入っているのは驚くほかはない。

しかし忘れてはならないのは、アリストテレスが、この仕事が「論証を主題とし、論証的知識を対象としている」と語っていることだ(『分析論前書』第一巻第一章24a10-11)。論証は、世界の実在的事象がなぜそうであるのかという原因や根拠を説明するものであるから、アリストテレスの論理学は、原因根拠の知のただしさと、そして最終的には、原因根拠にもとづく世界のさまざまな事象の間の繋《つな》がりを保証する役割を負うことになる。アリストテレスにとって人間の思考と世界の構造は、妥当な推論の形式をとりうるほどに合理的なのだ。

II

なぜ倫理学は月並みなのか
――幸福・徳・共同体

アリストテレスが『政治学』で述べていることほど統治に反するものはなく、彼の倫理学ほど無知なものはない。

――トマス・ホッブズ

問い

アリストテレスの倫理学って、どうもさえない印象を受ける。勇敢だの節度だのといった徳目が並んでいるのも、何か説教じみている感じがする。過剰と不足を避ける「中庸の徳」を唱えたっていうけど、それって、ほとんど無内容で役に立たないお題目だろう。全体としても、月並みなことが書いてあるようにみえて、道徳原理だとか善き行為の基準の提示といった、倫理学の名に値する理論的性格や批判的精神が欠けているんじゃないか。

しかも、ポリスが自然的な存在だと主張している。すると国家は一種の有機体であり、個人はその手足に当たる部分だということになる。そこには全体主義的な思想が含まれているのではないかと、疑われるだろう。

1　「倫理学」という知

前章の終わりで、アリストテレスが自然学をはじめとした観想・考究的な知と行為と制作にかかわる実践的な知を明確に区別したことをたしかめた。そのことに関連して、「アリストテレスの倫理学」を論じるうえで、まず心得ておくべきことがある。すなわち、そもそも、「倫理学」と呼ばれる議論の空間をつくったのが、アリストテレスであるということだ。

もちろん、いわゆる「倫理学的な」問い、たとえば、どのように生きるべきか、よいおこないとは何か、という問いそのものは、古代ギリシアでも、それ以外の地域でも、反省的思考が始まると同時に、つねに問われてきた。人間として生きていくために、避けられない問いだからである。しかし、その類の問いの考察を「倫理学」という一つの知あるいは学問としてはっきりと構想したのは、やはりアリストテレスである。

じっさい「倫理」あるいは「倫理学」と訳される欧米諸語(ethics, Ethik, éthique)はアリストテレスに由来する。彼はこれらの言葉の語源である「エーティケー」(ēthikē)というギリシア語の形容詞を、「自然(学)的」や「論理(学)的」という言葉と対比される探究の領域や命題の種類を表現するために使用し、そしてそうした考察が展開される著作を指すためにも用いた。ethicsという語は、このアリストテレスの考察あるいは著作の名称である「タ・エーティカ」をそのまま音写したラテン語を通じてできた言葉である(ついでに言えば、「道徳」と訳されることの多いmoralも、もともとはアリストテレスの著作に初出の「エーティコス」をラテン語に訳すためにキケロがつくったmoralisに由来する)。このように、アリストテレスがこの言葉によって限定した探究領域およびそれに対応して著したひとまとまりの著作が、「倫理学」という区分された知の源となった。

「倫理学」の著作

したがって、「倫理学」の成り立ちにとって、アリストテレスにどのような著作があるのかは重要である。この分野のまとまった著作として、『ニコマコス倫理学』『エウデモス倫理学』『大道徳学』の三つの書が現在に伝わっている。このうち『大道徳学』がアリストテレス自身の手によるものであるかどうかは意見が分かれている。『ニコマコス倫理学』と『エウデモス倫理学』については、内容的にも重なる部分が多く、さらに伝承された諸写本は三つの巻をこの二つの書に共通する巻（『ニコマコス倫理学』の第五巻―第七巻、『エウデモス倫理学』の第四巻―第六巻）として伝えており、現在ではともにアリストテレスの真作として認められている。両書の間には考察の仕方や提示される見解について微妙な相違があるが、『ニコマコス倫理学』のほうが、次に見るように、政治や社会との関係を含むより広い視野からの議論を展開しているので、以下では簡便のため『ニコマコス倫理学』を『倫理学』と呼んでこの著作に依拠して話を進めよう。

ただし、アリストテレスの「倫理学」を語るのは、これらの書だけではない。なぜなら、彼は『倫理学』で展開する――われわれがこんにち「倫理学」と呼ぶ――考察を、最初から「政治学」すなわち「ポリスにかかわる知識」（ポリティケー）と繰り返し表現しているからだ。「われわれの行為が最終的に目指している目的を把握すべき知識」は「政治学」である（『倫理学』第一巻第二章 1094a18–28）。そして『倫理学』の最後の章は、議論の総括ではなく、立法と国制など、ポリスという共同体のあり方にかかわる考察の必要性、そしてそのための探究のプログラムの告知で終わっており、『政治学』はそのプログラムをおおよそ引きうけている。書物として『倫理学』と『政治学』の間には、たんに連続するという以上の緊密な関係がある。アリストテレスにとっての「政治学」とは、彼の『倫理学』と『政治学』の考察の全体を包摂する知であり、二つの書は一つの大きなプロジェクトの一部を構成している。

この構想の根本には、個人の行為や生と共同体のあり方とを切り離すことはできないというアリストテレスの洞察がある。したがって、『倫理学』で考察される人間の生き方と行為のあり方という〈倫理的な事柄〉は、いわゆる政治や社会との関係を含んだ意味で理解されねばならない。アリストテレス自身は、その意味での〈倫理的な事柄〉を、「人間にかかわる事柄についての哲学」と的確に呼んでいる。「立法について、さらに全般的に国制について考察するほうが、おそらくより望ましいことであり、そのことで可能なかぎり、「人間にかかわる事柄についての哲学」は完成されたものになるであろう」(『倫理学』第一〇巻第九章 1181b13-15)。以下でも、〈倫理的な事柄〉の概念をこうした含意をこめて使用する。

とはいうものの、それぞれの書で中心的に論じられている話題は、相対的に区別できる。『政治学』はポリスの成り立ちからさまざまな統治形態や制度を中心に論じているのに対して、『倫理学』は人間の生き方と行為のあり方、そして幸福を主題としている。それゆえ、さしあたりはまずアリストテレスの〈倫理的な事柄〉をめぐる考察を、『倫理学』の議論をたどることから始めるのは適切だろう。

実践的視点

自然学などの観想・考究的知とこの倫理学的・政治学的知との間に、アリストテレスは明確な一線を引いた。その理由は、端的に言えば、「この研究の目的は、認識ではなくて、行為である」（『倫理学』第一巻第三章1095a5–6）からである。――この実践的な視点が、アリストテレスの〈倫理的な事柄〉の考察の性格と方法を定めている。

倫理学的探究も、他の知識と同じように、探究の一般的枠組に沿って進められる。全体としては（第一巻第四章1095b2–3の表現に従うなら）「われわれにとって知られることから無条件に知られることへ」と向かうのであり、「〜であること」の把握（倫理学の場合には、以下で述べる理由により「ことの知」より「ことの把握」のほうが適切である）から「なぜ〜なのか」の知（「なぜの知」）へと至るのだ。「これこれのことが正しい」「しかじかの行為が立派だ」という認識や見方を身につけたうえで、なぜそうなのか、それらが正しかったり立派であったりすることの理由や根拠は何であるのか、ということを明らかにするのである。しかし、〈倫理的な事柄〉の場合、その出発点となる「〜であること」の把握が、自然現象の探究に比べて、はるかに決定的な重要性をもつ。倫理的な探究においては、「ことの把握」が十分にできていれば、「なぜの知」は必要ないとさえ語られている（同1095b6–7）。

習慣づけ

「ことの把握」の対象としてアリストテレスが直接に念頭においているのは、「節度ある行為は立派なことだ」といった命題である。この命題自体はある一般的な、しかも月並みにも聞こえる主張だろう。しかし、アリストテレスにとって〈倫理的な事柄〉における「ことの把握」は、その命題を記憶したりたんに肯定したりすることではない。彼は、「ことの把握」は習慣づけるというプロセスを通じてはじめて把握されると主張する。つまり、その把握に至るまでに、個々の状況でその当事者が具体的に何かをおこない、それに対して周囲の者が「よいことをしたね」とか「いけないことだよ」などの言葉をその行為主体にかけるような場面、そしてそうしたことを繰り返す過程が想定されている。その過程を通じて、どのような状況においてどのような行為がふさわしいのかを認識し、そしてそれをおこなうような自身のあり方を身につけるのである。

習慣づけを通じて養われるのは、一時的な欲求や感情のもち方ではなく、一定の行為の傾向性と言いうるもの、つまり性格や人柄と呼ばれる人のあり方である。「ことの把握」の実質がこのようなものであるとすれば、それを獲得した人は、「なぜそうであるのか」を十分に説明できなくても、それぞれの個別的状況において特定の行為を「正しい」「立派だ」と適切に評価し、そうした行為をみずから欲し選択することができるであろう。

アリストテレスはそのことを、感情が十分に陶冶されていない者は、まだ彼の「倫理学」の講義を聴くにはふさわしくない、といった逆説めいた言い方でも表明している。「倫理教育」というものがあるなら、まず必要なのは、実践による習慣づけを通じて欲求や感情を養うことである。この見方からすれば、「道徳教育」なるものを学校の授業で他の教科と並ぶかたちで教えようという最近の教育政策は、「私たちの道徳」（生徒全員に配られる皮肉な教材の名前）というように、道徳をパーソナルなかたちで身につけるためには（幸いなことに？）役立たずだということになる。

アリストテレスの倫理学は、発達や習熟という時間的なプロセスを前提として始まる。出発点をこのように見定めるのは、そもそもわれわれにとって〈倫理的な事柄〉が、書物のなかでも教室においてでもなく、そのようにして始まる、ないしは始まっているからだ。したがって「なぜ〜であるのか」にかかわる倫理的考察も、その出発点にすでに含まれている諸要素、すなわち行為にかかわるさまざまな欲求や感情、そして人柄や性格、さらにそのなかで機能する知のあり方などを重要な論題とすることになる。

このような意味において、アリストテレスの倫理学の全体もまた、日常の実践と生活に即している。もしそれが一見したところ日常的で月並みなものにみえるとすれば、それは〈倫理的な事柄〉の日常性や月並みさに由来する。しかし、倫理学が行為や生き方と実質的にかかわるべき営みであるとすれば――アリストテレスにとってはそうであった――それはそうした場面に定位した思考でなければならない。

善と幸福

日常生活に埋め込まれた〈倫理的な事柄〉をあらためて考察するために、アリストテレスがまず注目するのは、人間の活動である考えたりおこなったりすることが、すべて「何かのため」というかたちで何かを目指していることである。その目的は「善」と呼ばれる。アリストテレスが『倫理学』のなかで、最初(第一巻)に解明し、また最後(第一〇巻)に確認するテーマは、善(善いということ)、そしてそのなかでも最高の善であるので、これは、倫理学的考察の根幹にある概念と言ってよい。

しかしここでも、日常的に考えることが必要だ。倫理的考察の出発点に据えられた善の概念は、すべてのおこないに認められるものなので、ありふれた意味で理解されなければならない。

つまり、道徳的に善いといった意味ではなく、何かをおこなう主体にとって善いこと、つまり有益であることを意味する。行為が善を目指すということも、行為者が行為するうえであらかじめそれが目的だと意識しているとか、それを目指して決断したとかという意味ではなく、とりあえず、「なぜそうしたのか」を、それをおこなった人自身が「〜のために」と答えられるものであればよい。地下鉄の入り口でＩＣカードをかざすとき、それが何のためかを意識することはないが、尋ねられれば「四条で買い物しようと思って」と答えることができるだろう。アリストテレスは行為者の心理を描写しているのではなく、行為の構造を語っているのだ。

人がそれぞれの行為において目的とすることはさまざまである。しかし行為の目的には一定の階層と秩序が存在する。たとえば家庭教師をするのはバイト代が目当てだが、それはジムに通うための資金を得るためだ、というとき、とりあえずの目的は金銭の獲得であるが、その先には身体を鍛えるとか健康を維持するという、より上位の目的がある。人間の行為は、はっきりと意識されていなくても何かを目指しているし、その何かにはさらにその先の目的となるものを認めることができるのだ。これは人間の生き方を考えるうえでの基礎となる事実である。そしてＢのためにＡをするが、ＢをするのはＣのため、ＣをするのはＤのためというように、目的の階層関係を系列化したときに、その系列が無限に遡行しないとすれば、各人の行為の最終目的というべきものを考えることができるだろう。それは言い換えれば、その人にとっての究極目的であり、最高の善である。「われわれがそれ自体として望み、他のものがそのために望まれる目的が存在するとすれば、これが善であり、最高の善である」(『倫理学』第一巻第二章1094a18-22)と規定されるからである。

人間的な善

最終的な目的となる善に対して、アリストテレスは「人間的な」という形容を付している。「人間的な」という限定は、プラトンの〈善のイデア〉という構想に対抗する含意を伴っていた。アリストテレスは、プラトンの〈善のイデア〉の概念を「人間がおこないうる善でもなければ、獲得できる善でもない」と批判する。アリストテレスの思考は、この究極的な善についても、日常的で地上的な世界にとどまっている。

他方で、プラトンの善のイデアのモチーフを部分的に受け継いでもいる。プラトンが善のイデアを構想するうえで出発点となったのは、「善いと思われる」ことと「善い(善くある)」ことの区別であった(『国家』第六巻505d)。アリストテレスにとっても、善の概念は「善いと思われる」ということに還元されてしまうような、各人各状況に相対的なものではなかった。アリストテレスは、〈善のイデア〉のような超越した存在に訴えるのとは異なる方法で、非相対的な善さを確保しようとするのである。

「しあわせ」になるための倫理

では最終目的である最高の善とは何か。――アリストテレスの手がかりは、ここでもまず日常一般の言語使用である。彼は、そうした善がどのように呼ばれているのかについては人びとの意見はほぼ一致するという。すなわちそれは「幸福」である。

「幸福」と訳されている「エウダイモニアー」は、英語では happiness と訳されることが最も多いが、そこには必ず断りがつく。happy には、心地よいといった心理状態を表わすような含意があるが、アリストテレスのエウダイモニアーはそうしたものではない、云々。そのため 'flourishing' 'well-being' といった訳語も提案されている。

訳語についてここで詮索したくはないが、一見まっとうにみえるこの注釈にはかえって誤解を招くところがある。なるほど、アリストテレスが吟味と考察を通じて示そうとしたエウダイモニアーについてであれば、そのように注釈するのも当然である。アリストテレスにとってエウダイモニアーはたしかに心理状態ではない。だから、特殊な薬物を使ってかりにつねに多幸感を感じられる状態にある人がいても、その人はエウダイモニアーにあるとは言えない。

だが、アリストテレスは、まず誰もがそれを目指しているものとしてこの概念を提示しているのだ。出発点となる人びとの想いを表わすためには、たとえば日本語では、幸福よりも「しあわせ」という訳語のほうがふさわしいだろう。「しあわせになりたい」「ハッピーになりたい」ということなら、口には出さなくとも、誰もが思っていることではないか。

そのような想いこそがアリストテレスの出発点である。「エウダイモニアー」とほぼ同義で使われる「エウ・プラッテイン」「エウ・ゼーン」も同様な事情がある。これらはそれぞれ「よくおこなう」「よく生きる」と訳されるが、日常的な信念の表現としては、むしろ「うまくやっている」「いい人生を送っている」に近い。あえてこのことに触れるのは、アリストテレスの考察が開始されている地平が、あくまで人びとがつね日頃抱く想いであり、それを分析し洗練するかたちで倫理的な事柄を考えていることを確認するためである。

徳にもとづく幸福——はたらきにもとづく論証

アリストテレスは、しかし、この一人ひとりがさまざまに思い描く幸福の概念について、各自の解釈に委ねるのではなく、理論的分析を通じて、ある統一的な理解を与えようとする。まず、その形式的な条件は、(i)他の目的のためにではなくそれ自体として選びとる終極的なものであり、また、(ii)それだけで十全に望ましいという充足的なものであることである。この条件を満たすものが、先に触れた目的の系列において最も上位に位置し「幸福」の資格を得る。「これさえあれば、他はもう何も要らない」というものだ。

他方で、その内実を定める論証は「はたらきにもとづく論証」と呼ばれる。この論証においてアリストテレスが依拠するのは、それぞれのものに固有の「はたらき」があるという想定である(「はたらき」と訳した「エルゴン」は、英語の work と同様に、果たすべき、あるいは果たしうる仕事や役割という意味も、それの達成や成果という意味ももつ、やっかいな概念であるが)。この想定にもとづいて、その固有のはたらきを最もよく果たすことがそれぞれにとっての善である、と主張する。

ともかくアリストテレスの主張を聞こう。たとえば彫刻家の場合、彫刻家としての善さつまり彫刻家としてすぐれていることは、「彫刻する」というはたらきにもとづいて特定される。よい彫刻家とは、そのはたらきをよく果たす人である。同じように、人間の場合も、人間に固有のはたらきを見出すことができるなら、そのはたらきをよく果たすことこそ人間としての善さである。アリストテレスは、こうした理屈から、人間に固有のはたらきを「ロゴスにしたがった魂の活動」であると特定する。さらに彫刻家がよくそのはたらきを達成するのは、彫刻家の（彫刻家としての）すぐれた技量にもとづいてその技量を発揮するときである。一般に何かのすぐれたあり方（卓越性、優秀性）は「徳」（アレテー）と呼ばれるので、彫刻家の最善のあり方は彫刻家としての徳にもとづいて活動することである。同じように考えることができれば、人間としての最善のあり方は、人間としての徳にもとづいて活動することだ、ということになる。したがって、人間的な善とは次のように規定される。

> 人間的な善とは、徳（すぐれたあり方）にもとづく魂の活動であり、また徳が複数ある場合には、そのなかで最善で最も究極的な徳にもとづく魂の活動であることになる。（『倫理学』第一巻第七章 1098a16–18）

基本となる考え方は、人間が人間としてもっているはたらき（機能）、そしてそのすぐれたあり方としての徳を発揮できる生き方が人間にとっての善であり幸福である、というものだ。

幸福概念の規範性

人間のはたらきを特定するというのは、問題含みの考え方である。それは規範的な意味をもつからだ。一方では、そのはたらきを阻害する要因に対して抵抗し、そのはたらきを実現すべく努めるための根拠となりうる。たとえば、健康で文化的な生活をおくることが人間のはたらきであるとすれば、それを実現するための施策が実行されるべきだということになるであろう。とりわけ〈倫理的な事柄〉が政治や共同体にかかわり、ポリスは人びとの善き生を実現すべき共同体である――アリストテレスはそう考えた――とすれば、政治がその役割を果たさなければならない。しかし他方で、一定の条件を満たさないことが人間として不十分であることを示す基準として扱われるという危険も伴う。身体的な条件(たとえば五感がはたらくこと)が人間のはたらきとして考えられるなら、何らかの事情でその一部を失ったり欠いたりしている人は、劣った、ないし不十分な人間として扱われかねない。

さらに、人間に固有のはたらきを、たとえば生物学によって特定される人間の特徴であると考えるなら、アリストテレスは自然科学的な知見から倫理的な善さを導き出していることになる。しかしこれは、知の区分、とりわけ観想的・考究的な知と実践や制作にかかわる知の自律的性格というアリストテレスの基本思想に反するであろう。

幸福概念の可変性

しかしアリストテレスは、以上のように幸福の概念を特定しながら、そこに複数の解釈を受け入れうる開放性や可変性を認めているように思われる。彼自身の議論のなかで、幸福についてさらに考慮すべき論点を付け加えているからだ。

第一に、『倫理学』には二つのタイプの最高善＝幸福が論じられているようにみえる。第一巻では、最高善はさまざまな徳をすべて包含する生であると論じているように読めるのに対して、とりわけ第一〇巻では、人間の最もすぐれた活動を観想ないし考究することのうちに過ごす生だと論じている。そのため解釈者たちは、前者のタイプを「包括的目的」、後者のタイプを「支配的目的」と区別しつつ、アリストテレスの最高善＝幸福概念の所在を論じている。おそらく、日々の煩いや社会的な責務から解放され閑暇のうちに過ごすことのできるという、まれな状況に恵まれるとすれば、最終的には後者のうちに過ごす生が究極的な善であり幸福であるというのが、アリストテレスの本心だろう。

第二に、アリストテレスも認める三種類の善のうち、幸福に対しては、魂の善としての徳（とりわけ「包括的目的」という解釈を採る場合にはさまざまな徳）だけでなく、健康などの身体の善、さらに富や名誉などの外的な善も貢献する。

第三に、プリアモスのようにすぐれた人物が息子や娘を失い、自身も殺されるといった非情なまでの不運や、さらには、ある人の死後にその子孫たちが悲惨な目にあうということがその人の幸福に与える影響までも考慮している。現代の倫理学者たちも、道徳における運や不運などの意味を論じるようになったが、アリストテレスが幸福にかかわると考える要素の範囲はさらに広い。かりに本人の生は栄華のうちにあっても、そのときの恨みで子孫を皆殺しにされるようなことが起これば、その人は幸せだっただろうか。これも無視できない問いであろう。

幸福な生の核となるのは徳であるとしても、他の要素も濃淡さまざまに幸福に関係すると考えられている。幸福概念にこうした可変性や開放性を認めるのは、アリストテレスが人びとの考え方に配慮しつつ、さまざまな条件のなかでじっさいに実現しようとする実践的観点にもとづいて幸福を考えているからなのであろう。むしろ注目してよいのは、外的善の扱いである。幸福を徳ある生き方に求める点では古代の思想家たちはおおよそ一致するが、そのなかにあって、アリストテレスは外的な善が幸福のための前提条件であると明確に告げている。たしかに経済的基盤なしで幸福を実現することはできない。アリストテレスは古代の幸福主義的倫理学が忘れがちな、幸福の社会的経済的条件を例外的に指摘しているように思われる。

われわれは、『倫理学』において正義が財の交換や配分の問題として論じられ、『政治学』の第一巻において蓄財および売買が理論的に考察されていることの意味を、真剣に受けとめるべきだろう(カール・マルクスは、そのように受けとめ、それにもとづいて『資本論』のとりわけ第一部を書いた)。

倫理的な事柄における魂のロゴス

そしてまた、幸福の概念を構成する徳も、実践的で社会的関係のなかに位置づけられる。アリストテレスの幸福の概念の行き先を決めるのは、ロゴスの概念である。幸福概念がもとづく人間の固有のはたらきは、より具体的に「魂のロゴスをもつ部分の行為的な生」だと特定されるからだ。つまり、魂のうちでロゴスを有する部分にもとづく生き方、それも理論的な思考ではなく、行為という実践に関係して実現する生き方である。

「ロゴス」という言葉は、一般的には、分別や理性といった内的な機能とともに言葉や規則などの公共的な事象までを包括するが、アリストテレスはそのどれかに意味を限定していない。むしろそうした意味の拡がりを巧みに利用しつつ、幸福になるために人間がそなえるべき資質を説明している。すなわち、次にみるように、魂のもつロゴスは、理性や徳の概念と結びつくとともに、後に確認するように人間の共同性の根拠にもなるからだ。

アリストテレスは倫理的な事柄を論じるとき、魂のうちにロゴスをもつ部分とロゴス的でない部分を認める。さらに後者を、栄養摂取能力のようにロゴスに関わりをもたない部分と、それ自身はロゴスをもたずロゴス的部分に刃向かうこともあるが、ロゴスに耳を傾け従うこともできる部分に分ける。米国の大統領選でスイングステートが結果を左右するように、ロゴスに対して聴従と反逆の両方の可能性をもつこの部分が、行為者の生き方の方向を決めるうえで決定的な役割を果たす。欲求とそれに対応する快さと苦痛、そして感情にかかわるのはこの部分だからである。そしてこの部分のあり方や方向性をかたちづくるのは、習慣づけやしつけである。それが聞き従うロゴスは、「〜するのがよい」とか「〜するべきだ」という言葉で語られるであろう。この意味でのロゴスは、まず行為者の魂のロゴスをもつ部分が下す理性的判断の表現である。

この魂の区分に応じて、人間の徳も区分され、ロゴスをもつ部分の徳は「思考にかかわる徳」(ディアノエーティケー・アレテー)と呼ばれ、知恵や思慮が挙げられるが、倫理学的考察において問題となるのは、このなかの思慮(プロネーシス)のはたらきである。他方で、ロゴスに聞き従う部分の徳は「人柄にかかわる徳」(エーティケー・アレテー)と呼ばれる。

現在、一般に「徳」と呼ばれるもの、たとえば節度や勇敢さ、あるいは温厚さ、そして正義は、この「人柄にかかわる徳」に分類される。いまならそこに、「勤勉」や「寛容」、あるいは東洋的伝統から、「仁」や「忠」といった言葉で表わされるものを含むことができるかもしれない。『倫理学』の議論のかなりの部分が、人柄にかかわる徳全般の考察とそれぞれの徳目の分析に費やされている。性格や人柄という人のあり方を表わす「エーティカ」がこの『倫理学』の考察の全体を表わすために使用されていることが示唆するように、アリストテレスは、まず、この徳の概念を中心として〈倫理的な事柄〉を考える。

徳ある人のおこなう行為

では、人がおこなうべき行為とはどのような行為だろうか。アリストテレスによれば、それは、「徳ある行為」であり、「徳ある行為」とは「徳ある人のおこなう行為」である。徳ある人は、「しかるべきことを、しかるべき仕方で、しかるべきときに」恐れたり欲求したりするからである。——これでは、政治家が「必要なときには適切な政策を直ちに実行する」というのと同様で、情報量がなく、ほとんど何も語っていないと思われるかもしれない。しかしアリストテレスの説明は、ある重要な論点を伝えている。つまり、行為のあり方を人のあり方にもとづいて考えるということだ。ある状況でおこなう特定の行為が徳ある行為と言えるのは、徳ある人がおこなうような行為であるから、つまり徳ある人が把握するような仕方でその状況を把握し意味づけ、そして徳ある人がもつような欲求や動機のもとでそれをおこなう行為であるからである。

したがって徳を中心とする倫理的な考え方にとって、ただしい倫理的な見方とは、徳ある人においてはじめて見えてくる見方である。倫理的なものの見方のただしさは、その意味で徳ある人の見方のただしさとして規定される。そのことをアリストテレスは次のかたちで語っている。

じっさい、すぐれた人がそれぞれの物事をただしく判定するのであり、またそれぞれの状況において真なることがすぐれた人に現われるのである。すなわち、それぞれの性向に応じて、それに固有の美しさや快さがあるが、すぐれた人というのは、それぞれの状況で真実を見るという点で、おそらく最も抜きんでた存在であり、そのような人は、美しいものや快いものの、いわば基準であり尺度である。（『倫理学』第三巻第四章 1113a29–33）

親切という身近な徳を例にとって具体的に考えてみよう。たとえば交差点で戸惑っている白い杖の人がいるとき、その人の手を引いて交差点を渡るのは親切な行為だろうか？　アリストテレスなら、そうとはかぎらない、と答えるだろう。ある人Aは、その人が困っているという認知と、だからその人の手助けになりたい、という欲求をもち、したがって文字通り快くそうするであろう。こうした人は親切という徳をそなえている人であり、その行為は親切な行為である。しかし別の人Bは、同じ状況に直面したとき、ひそかに好意を寄せている相手がたまたま隣にいたため、ここはよいところを見せたいという動機から、内心は面倒くさいと思いながらも、同じように白い杖の人を導くかもしれない。同じ振る舞いでありながら、Bは親切な人ではなく、また彼の行為は親切な行為ではない。

徳ある行為は、交通規則に従うのとは異なり、特定の振る舞い方として外形的に特定できない。基準となるのは、徳ある人自身のあり方であり、そのような人の個々の状況での認知、感情、欲求といった「道徳的な心理」である。

欲求と感情の陶冶

したがって徳を獲得するために求められるのは、たんにその振る舞いを模倣することではない。徳ある人がどのように状況を把握し意味づけ、それに対してどのように反応するのかを習慣づけを通じて学ぶことである。いわば徳ある人の心のあり方全体を獲得するのだ。先の親切という徳の場合であれば、それぞれの状況で、親切な人なら望むであろう行為をしたいという欲求を感じ、またじっさいにそうすることに悦びを感じるような心の傾向性を形成することでもある。習慣づけることが重要視されるのも、そうした時間を要するプロセスを通じて、はじめてこの心のあり方が獲得できるからだ。

習慣づけられ陶冶されるべき重要な要素は、快楽と苦痛、すなわち何に悦びを感じ何に苦しみを感じるのか、という欲求や感情の方向性である。この習慣づけによって、徳ある人がおこなうような行為に快さを感じ苦痛を感じないという仕方で、感情や欲求は特定の方向へ向けて形成される。

アリストテレスが「徳のある人」と「抑制ある人」とを区別するのもこのような考えにもとづく。二つのタイプの人が同じ状況で同じ振る舞いをしたとしても、その心理や動機は大きく異なるからだ。パートナーを裏切るといった行為をしないとしても、抑制ある人の場合はそうしたいと思いながらも、それを実行した場合の得失を計算してその欲求を抑えるが、徳ある人はそうした欲求を抱かないか、少なくともそうすることが行為の選択肢に上らないのである。徳を身につけることは、欲求を抑圧することではない。欲求の方向を養うことなのだ。

思慮

ただし、たんに欲求がよい目的へ向かうというだけでは、アリストテレスの言う徳ある人とは言えない。たとえば、たまたま火災の現場に遭遇して燃える家のなかに取り残された人がいる状況に直面したとき、勇敢な人には、その状況が自分に助けを求めているように――その求めに応えたいと思うような仕方で――現われるだろう。しかし、すっかり火の手が回っているとすれば、丸腰で家のなかに飛び込むのは勇敢ではなく無謀な人である。

徳ある人にふさわしい行為をおこなうには、たんに欲求がよい目的へと向かうものであったり、よい動機をもったりするだけでなく、それを実現するための適切な行為を選択しなければならない。その適切な行為を指示する役割を担うのが、行為選択にかかわる知としての「思慮」である。人びとが目指すべき「善き人」は、思考にかかわる徳と人柄にかかわる徳の二つが共同することではじめて実現する。アリストテレスはその相互補完的性格を、カントが直観と概念の関係を語るような口調で、次のように述べている。――「思慮を欠いては本来的な意味での善き人にはなりえないし、人柄の徳を欠いては、思慮ある人にはなりえない」(『倫理学』第六巻第一三章 1144b31-32)。思考にかかわる徳もまた、当然、その獲得に至るまでに一定の経験を積むことが必要である。

思慮のはたらきは、行為者が望む目的を実現するための具体的で適切な手段を考えて提示することにとどまらない。アリストテレスは、行為の選択にかかわるこの思慮のはたらきを次のように描いている。

自分自身にとって善きもの、利益となるものについて、適切に熟慮思案する能力があることが、思慮ある人の特徴だと考えられているが、その思案とは、たとえば健康を保つためには、あるいは体が強健であるためには、どのようなものが善いものなのか、といった仕方で部分的に考えるのではなく、まさに「よく生きること」全体のためには、いかなることが善いのかを考えることである。（『倫理学』第六巻第五章 1140a25-28）

思慮のはたらきは、このように、よく生きること、幸福であることまでを射程におさめている。

もちろん、行為者は、そして思慮ある行為者であっても、行為の選択に際して、自分自身の目指すもの——最終的には幸福——の概念を思い浮かべ、それに照らしていまこの状況ではこれをおこなえば幸福に貢献する、などと意識したり推論したりはしない。じっさいには、特定の状況の現われ方とそれに呼応する欲求によって、行為はそれと意識されなくても「自然と」選択されるであろう。アリストテレスも行為を選ぶうえでの心理的プロセスを記述しているのではない。しかしそれぞれの行為の選択には思慮がはたらいており、そのことによってその行為者の幸福の理解にまで遡るような、倫理的なビジョンの全体が関係している。たとえその場かぎりのおこないでも、それが行為であるかぎり、選択の理由があり、説明が可能なのだ。

2　徳の倫理とそれを超えるもの

徳の倫理

徳の概念を重視することは古代の倫理的思想全般にみられる傾向であるのに対して、近代の哲学はそれとは異なる思考を基調に展開されてきた。しかし一九五八年にウィトゲンシュタインの弟子であるエリザベス・アンスコムが重要な批判的指摘をおこなう。彼女は、近代以降の倫理学が、ルールや義務に従っているか、あるいは行為がどのような結果をもたらすのかといったことに関心を集中する一方で、倫理にかかわる心理学(moral psychology)を蔑ろにしてきたことを問題視し、この倫理にかかわる心理学の重要性を説いて、そうした考察がプラトンやアリストテレスに見出されることを指摘した。それ以来、徳とそれにかかわる概念や思考の重要性が見直され、現代の倫理学において、徳の倫理(virtue ethics)はすでに確かな地歩を築き、その論点を深化させたり拡張したりしている。

近現代の倫理学においては、倫理的価値をどこに求めるのか、という問題に対して、行為や行為の規則の生み出す結果としての善さや効用を重視する立場と、行為が普遍的規範に従っていることを重視する立場とが有力であった。最大多数の最大幸福を求める理論などの功利主義は前者に、道徳律に従うことによって行為のただしさを定めるような義務倫理学的な理論は後者に属する。しかし徳の倫理は、行為者の心理や動機、それも一時的ではなく人柄や性格などの行為者の比較的持続的なあり方に注目する。

戯画化と言えるほど単純化された例を挙げるなら、「なぜ嘘をついてはいけないか」という問いに対して、それが社会のルールだからとか人間としての道徳的義務だから、というのが義務を重視する考え方である(この場合は、それが義務に反するかぎり、どんな状況でも嘘をつくことは悪い)。またこの問いに対して、嘘をつくことによって他者に危害が及んだり社会的悪影響があるという結果に訴える答え方がある(この場合、結果がよければ嘘をついてもよい)。

徳の倫理の答えは、いずれとも異なる。「嘘をつかないことが徳のある人のおこなうことだから」である。つまり嘘をつくことにかかわる徳が誠実さであるとすれば、嘘をつくことを誠実な人であっても選択するような状況においては、嘘をつくことも許される。ある女性を匿いながら、追いかけてきたストーカーに対して彼女はここには不在だと告げる場合のように。

こうした現代の徳の倫理とアリストテレスの考え方の間には、ルールや義務ないし行為の結果よりも、徳という、安定した人の性格や特徴を最も基本的な概念とすることはもちろん、行為者の感情や欲求の重視、教育や発達の局面の顧慮など、基本的な一致点が多い。事実、徳倫理学における議論では、アリストテレスの考察がしばしば参照されている。

行為の合理性

しかしアリストテレスの〈倫理的な事柄〉をめぐる考察には、徳の概念の重要性を強調するだけでは汲み尽くすことができないいくつかの論点がある。

その一つは、行為の合理性ないし論理性である。もしも徳にもとづく倫理学的な考え方が、行為や生き方の善し悪しの判別を個別的な状況における徳ある人のそのときどきの判断に委ねるとすれば、それはいわば目利きの倫理に終わるかもしれない。その道の達人が一つ一つの骨董品の年代と作者そして価値を「直観的に」見分けるように、徳ある人が個別の行為の善悪をその都度判定するのだから。

しかし思慮のはたらきの議論に仄めかされていたように、個々の行為も、論理的な性格をそなえており、構造化することが可能である。たしかに個々の行為選択においては、欲求や感情が絡み合い、またそのときどきの直観的な判断にもとづくように見える。しかしアリストテレスは、それぞれの行為に対して、前提と結論によって構成される推論の形式を与える。それは行為を結論とする推論であり、「実践的推論」と呼ばれる。最も単純なものは次のようになる。

すべての甘いものは快い
これは甘い
∴これを食べる

この形式化によって、行為選択の背景にある全体的動機と各状況において特定の行為を選択する理由が明白となる。行為は、徳ある行為であれそうでない行為であれ、このように説明し理解することが可能である。もちろん、禁煙破りから不倫まで、悪いとわかっているのにやってしまうという、不合理な行為は存在する。しかしその行為が不合理だと考えられるのも、行為が基本的にこうした合理的な構造をそなえているからだ。

人間の行為は、それが行為であるかぎり、理不尽と言わざるをえないものでさえ、いかなる理由も拒む悪魔の仕業ではない。その意味において、たとえテロリストの行為であっても、そこには何らかの理由と合理性を認めることができる。そして推論形式による行為の構造化には、その行為へと導いた理由や動機づけを変える可能性も示唆されているのだ。

法の役割

徳の概念の重要性を強調するだけでは汲み尽くせない第二の論点は、教育の公共性という観点である。それは倫理におけるコード化と呼ばれるものの役割に関係する。すでに見てきたことから明らかなように、徳倫理学は全般的に、倫理的問題を規則やルールに訴えて考えることに対して批判的な立場をとる。徳にもとづく行為選択は、ある特定の原理やルールに従っている必要はないし、むしろ特定のコードに書き下すことはできないと考えるからである。

これはもっともな見解である。徳とは個別的状況にふさわしい行為の選択を可能にするそれぞれの行為者の特質(性向)である。そうした行為は、行為者の直面する状況および行為者の動機と無関係に定式化できるものではない。そしてすでに見たように、徳を獲得するために必要なのは理論的学習ではなく、習慣づけることによって徳ある行為に向かう認知と感情、欲求のあり方を形成することだった。

するとこれは、一部の人びとがしばしば口にする「家庭で習慣づけることが重要だ」とか、「最近の家ではまともなしつけができていない」、といった話に結びつくように聞こえるかもしれない。しかしアリストテレスは、習慣づけを通じて欲求を方向づけることの必要性を語った直後に、教育における法の役割に言及する。「徳へ向かうために、若いころからただしい導きを受けるのは、ただしい法のもとで養われないかぎり、困難である」(『倫理学』第一〇巻第九章1179b31-32)、「受けるべき養育とおこなうべきことが法によって定められていなければならない」(同 1179b34-35)、そして習慣づけについても、「立法家が市民を習慣づけることによって善い人間にするのであり、またこれがすべての立法家の願望であり、これを首尾よく成し遂げなければ、その任務は失敗に帰すからである。そしてここに、善い国制と悪しき国制の違いが存する」(『倫理学』第二巻第一章 1103b3-6)と主張する。こうした主張に登場する「法」(ノモス)とは、成文法にかぎらず慣習をも含むが、いずれにしても社会的に承認されたある一般的な規範である。それゆえ、養われる徳も、明示的なコードや規則のかたちで示すことはできなくとも、ある規範的で公共的なコードに規定されていると言わねばならない。

そしてアリストテレスの倫理学が徳の倫理の基本的主張からは逸脱するようにみえるのは、たんに徳と規則やコードとの関係にとどまらない。法や制度とのかかわりは、アリストテレスにとっての〈倫理的な事柄〉と倫理的知の本性にもとづくものだからである。『倫理学』において、アリストテレスは次のように語っている。

自分自身にとって「善く」ということは、おそらく、家政やポリスの制度を抜きにしてはありえないことである。さらに、そもそも自分自身にかかわる事柄をどのように整えればいいか、ということは自明ではなく考察すべき課題である。(『倫理学』第六巻第八章 1142a9-11)。

3　政治学としての倫理学

一人ひとりにとっての善き生き方は、政治や共同体についての考察を必然的に含むのである。

ポリス的動物

すでに触れたように、われわれがこんにち「アリストテレスの倫理学」と呼ぶもの、つまり『倫理学』のなかでおこなっている考察を、アリストテレス自身は「政治学」(ポリティケー)、つまり(もとの意味を表に出すなら)「ポリスにかかわる知」であると繰り返し表現している。「個人的なことは政治的なこと」であるという見方の背景となるのは、人間は自然本性によってポリス的動物であるという洞察である。

もっとも、「ポリス的である」こと自体は何も人間に固有のことではない。人間のポリス的性格は、「あらゆるミツバチやあらゆる群集性の動物について言われるよりもすぐれた意味でポリス的な動物」(『政治学』第一巻第二章 1253a7–8)と比較級で表現されており、また、ミツバチ、アリ、ツルなどもポリス的であると特徴づけられている(『動物誌』第一巻第一章 488a7–10)。「ポリス的動物」であることは、人間の定義ないし人間に特権的なことではない。しかしすでにみたように、アリストテレスにとって自然学と「政治学」との間には、基本的な知の区分が存在する。両者は考察対象の性格についてもそれを考察する知的能力においても、明確に異なる。この議論においても、アリストテレスが目を向けているのは、人間と自然物や動物との共通性よりも相違である。「人間は自然本性によってポリス的動物である」という命題を支えるアリストテレスの思考も、生物学的な自然との関係に配慮しながらも、それとは異なる局面を指摘するものだった。

だが、人間が何ゆえ、あらゆるミツバチやあらゆる群集性の動物について言われるよりもすぐれた意味でポリス的な動物であるかは、明らかである。なぜなら、われわれが主張するように、自然は何一つ無駄にはつくらないのであるが、動物のうちで人間だけが言葉をもっているからである。なるほど、音声は苦しいことや快いことを表示するしるしであり、このために人間以外の動物にも鳴き声がそなわっている。つまり、動物の自然本性は、快いものと苦痛なものの感覚をそなえていて、それを互いに表示するところまでは到達しているのである。しかし、言葉は有益なものと有害なものを、したがってまた正・不正を表明する役目をもっている。なぜなら、人間だけが善・悪、正・不正、その他を知覚するのであり、このことこそ他の動物と対比される固有の特性だからである。そして、これら善・悪や正・不正などをまさに共有することから、家もポリスもかたちづくられるのである。(『政治学』第一巻第二章 1253a7-18)

「ポリティカル・アニマルとしての人間」というアイデアを説明した箇所として繰り返し引用され、多くの論者がさまざまな解釈を表明してきた議論である。

言語=ロゴスの役割

ここでもまた、鍵を握るのは引用では「言葉」と訳されている「ロゴス」の概念である。まず、人間だけがもつとされる「ロゴス」すなわち言語の役割は、自己と他者との間の伝達のための道具というだけにとどまらない。そのような役割なら、動物の鳴き声も果たすことができる。アリストテレスにとって言語活動の中心となる言語表現の単位は、名前(単語)ではなく主述を伴う言明(文)であり、言明は、基本的に真ないし偽であるという性格をもつ。つまり言語活動においては、その言明が照らし合わされて真ないし偽となるような、自己と他者から独立した世界の存在が前提となっている。

アリストテレスは、このような機能をもつ言語を通じて善と悪、正と不正を共有するという点に、ポリスの形成の根拠を認める。すでに確認した倫理学=政治学のプロジェクトに従って、倫理学の講義を聴講したうえでこの『政治学』のくだりを聴いている者なら、あるいは『倫理学』の読了後その末尾の指示どおりに『政治学』へと読み進んだ者なら、言語を通じての正・

不正の共有ということでまず思い浮かべるのは、しかじかのことが「善い」「悪い」「正しい(正義に適っている)」「正しくない」というようにして言葉ないし概念を人びとが実際に教え、あるいは学ぶ場面だろう。そうした教育においては、その都度の状況に直面しながら、「善い」「正しい」といった言葉の適用の仕方を学ぶと同時に適用される事象に対する欲求――「善い」「正しい」ことについてはそれを求め、「悪い」「不正な」ことに対してはそれを避けようとする欲求――を形成する。こうした習慣づけによる教育こそが、言語を通じて、それぞれの状況において正と不正とを「知覚」すること、そしてこれらの概念とその概念が適用される倫理的世界とを共有することを可能としているのだ。

人間の自然本性(ピュシス)は、共同体のなかで、言語を使用して、習慣づけをはじめとした日々の教育を通じて養われ陶冶される。それを養うのは、直接的には家族や周囲の人間であっても、その言葉は、共同体のなかで共有された価値観を反映している。他方、養われる自然本性は、固定したものではなく可塑的であり、社会的に形成されるものである。このような自然本性は、しばしば「第二の自然本性」(second nature)とも呼ばれるが、アリストテレスにとっては、生物的な自然本性に付け加えられた別の自然本性ではなく、まさに人間の自然本性のあり方そのものと言ってよいだろう。

以上の意味において、ポリスという共同体の成立にとって最も基本となるのは、法や制度あるいは権力というより、共同体のなかで培われる人間の一種の道徳感覚であり、その共有である。人間のこうした自然本性に根ざした生き方や活動こそがポリスを構成する。以上の理解は、ポリスの本性、そしてその制度的な考察においても通底している。

ポリスとは何か

人間がポリスをつくる。ポリスとは、制度や体制であるよりも、まず人間たちの共同である。――これがアリストテレスの基本的洞察である。

人間は、単独では、人間としての生を生きることができない。人間には、男と女、支配する者と支配される者という機能や役割の相違があり、単独では生きるために必要なことを自足することができないからである。そのため、互いを必要とするがゆえに共同体を構成する。しかし人間は、さらに「日々の必要を超えた」共同体としての村をつくろうとする。そして人間とその共同体の自足性を最大限に達成することができるのが、ポリスという共同体である。「市民が集い、生活の自足性のために十分な多さまで達した集合体を、われわれはポリスと呼ぶ」(『政治学』第三巻第一章 1275b19–21) のである。こうした考察の背景に、『倫理学』で提示される

「最高善としての幸福を目指す人間」、そしてその幸福の構成要件としての自足性という考え方をみてとることはさほどむずかしくはないだろう。生きるために、そして幸福を目指す存在であるかぎり、人間は家や村を超えたポリスという共同体を必要とするのである。

アリストテレスの政治哲学は、しばしば、個人に対して共同体を優先する思想として特徴づけられる。ポリスは自然的存在であるという彼の主張に依拠して、ポリスは動物や植物のような一種の自然的な有機体であり、個人はその手足に当たる部分である、だからその思想には全体主義的な考え方が含意されているのだ。――アリストテレスの研究者でさえ、このように論じたりしている。

しかし、ポリスの自然的性格（ピュシス）は、以上のような人間の自然本性（ピュシス）にもとづいている。その意味で、ポリスの自然性は、それぞれの動植物自体に内在しその運動変化の原理となっている自然性とは異なるのである。

ポリスを、それを構成し統治する市民の共同として理解することは、ポリスの同一性についての次のような説明において、より明瞭となっている。

ポリスとは一種の共同体（コイノーニアー）であり、市民によるポリスの統治形態（ポリーテイアー)の共有(コイノーニアー)であるとすれば、ポリスの統治形態が変化し異なる種類のものとなるとき、ポリスもまた同一ではないのは必然であると思われる。(『政治学』第三巻第三章 1276b1-4)

最善の国制

ポリスの同一性はその統治形態すなわち国制に依存する。ではどのような国制が望ましいのか。——アリストテレスが『政治学』において、多くの考察を重ねているのは、この問題である。

最善のポリスの制度(国制)が、概念的にはどのようなものであるかは、明白であるとも言える。「ポリスは、家族であれ、同族のものであれ、善く生きることをともにしつつ、完全で自足的な生を目的とする共同体である」(『政治学』第三巻第九章 1280b40-1281a1)がゆえに、「最善の国制とは、誰もが最も善くおこない、幸せに生きることができる体制でなければならないことは明白である」(『政治学』第七巻第二章 1324a23-25)。

しかし、それは具体的にどのような制度なのか。この問題をめぐるアリストテレスの考察は、ある種の実験に似ている。異なる条件を設定し、その条件の下での最善の制度を探るという手続きをとっているからだ。

(1)「われわれの望みどおりに建設しようとするポリス」(『政治学』第七巻第四章 1325b36)としての最善の国制=すべて希望通りに設計された「最善の国制」

(2)無条件的な意味での最善の国制、すなわち外的な障害が何もない場合の「望みどおりの」国制(『政治学』第四巻第一章 1288b21-24)=現存するないし過去に存在した国制を踏まえて設計された、しかし現実にあるポリスの体制には制約されない最善の国制

(3)置かれた状況からみて最善である国制(同 1288b26-27)

(3)の考察が必要であるのは、「多くの人が最善のものを得るのはおそらく不可能である」ために、「善き立法者や真の政治家は、無条件に最善である国制だけでなく、置かれた状況からみて最善である国制にも目を向け」なければならないからである。

そしてそれぞれの条件設定の下での「最善の国制」は同一ではない。こうした複雑な手続きをとるのは、やはり探究の性格とその探究される主題の性質に起因する。この探究もまた、〈倫理的な事柄〉にかかわるものであり、実践的な性格をもつ。したがって最善の国制は実現を

目指すべきものであるとともに実現可能でなければならない。他方で、現実にはすでにさまざまなポリスが存在し、またそのなかで生を営む人のあり方は多種多様である。それを無視して、たんに原理原則にもとづいて考察すること、あるいは「言葉のうえでのポリス」(プラトンはその著『国家』において描き出すポリスをそう呼んでいる)を建設することは無意味であろう。アリストテレスは、この主題については、『倫理学』における以上に、実際の政治的・社会的状況を踏まえて、その変革可能性を探らなければならなかったのだ。

最善の国制を実現すべき政治的な現場においては、「貴族制と呼ばれる国制は大多数の国家にとって手の届かないところにあり」(『政治学』第四巻第一一章 1295a31-33)、「大多数の国制」は「民主制の性格のものか寡頭制の性格のものかのいずれか」(同 1296a22-23)である。この現状認識のもとでは、最善の国制は次のように追究されている。

大多数の国家と大多数の人々にとって、最善の国制とは何であり、最善の生とはどのようなものであるのか。ここで問題にしているのは、普通の人には手の届かない徳や、素質や財源に運よく恵まれていることを必要とするような教育や、望みどおりの国制を基準とするのではなく、大多数の人々が共有することのできる生や、大多数の国家があずかること

のできる国制を基準とした場合の最善の国制であり、最善の生である。(同 1295a25-31)

こうしたいわば二段、三段構えの考察の手順は、すでに『倫理学』において予告されていた。「どのような種類の国制が最善であるか」と並んで「それぞれの国制はどのような仕方で組織されれば最善のものになりうるのか」が政治学の課題に挙げられていたからである(『倫理学』第一〇巻第九章 1181b21-23)。この現実認識のなかで実現可能な国制が「中間の国制」であった。したがって実践的意味において、アリストテレスにとって、そして彼の講義の聴講者――そこには政治を志す者が含まれていた――にとって、「最善の国制」として最終的に重要であるのは、この国制であると言うこともできるだろう。「中間の国制」とは、直接には極端に富裕な層でも極端に貧しい層でもない中間層の人びとを中心とする制度であるが、そのじっさいの形態としては、公職に就く者を決定するうえで、選挙で選ぶという寡頭制の要素(民主制は籤引《くじ》きによる)と財産による制限を設けないという民主制の要素(寡頭制では財産による制限がある)をとり入れた制度が想定されている。したがってこの「中間」の国制は、アリストテレス自身の考える「民主制」よりも現代の民主政治(デモクラシー)に近いという見方も可能であり、じっさいそう解釈する論者は少なくない。

他方で、歴史的現実から出発しそれと知的に格闘することが、アリストテレスの「政治哲学」に歴史的制約を与えていることも認めなくてはならない。たとえば、アリストテレスの時代のポリスと現代の国家とは、多くの点で性格が異なる。古代ギリシアのポリスには警察や軍隊に相当する秩序を維持するための「暴力装置」ないしは強制力が欠けていた。ポリス、および国制（ポリーテイアー）も、制度や体制よりも、市民、すなわち統治者集団のあり方（その数的量と目的、そして組み合わせなど）によって基本的に定まっており、近代的国家の概念とは異なる。

しかしそうであっても、その歴史的な性格は、アリストテレスにとって栄誉とすべきことであろう。彼にとっての「政治学」は、あくまで現実の「他の仕方でもありうる」事柄を対象として、その変革の可能性を探る実践的な知だからである。

アリストテレス的保守主義？

これまでたどってきた〈倫理的な事柄〉の考察にも一貫してみられるアリストテレスの方法は、現状追認的だとか革新性に欠けると受けとられることが少なくない。そのため、とくに倫理的・政治的なものの見方をめぐっては、アリストテレスはある種の保守主義者とみなされている(哲学や思想の事典の「保守主義」の項目を見ると、たいていその名が歴史上の先行者に挙げられている)。なるほどアリストテレスは、たとえば現実の知的なあるいは政治的な体制とはまるきり異なるユートピアを夢見ていないし、体制とは異質なもの、体制の外にあるものに反逆の拠り所を探ろうとはしていない。しかし「保守主義」が現状の維持を望むとか、変革を期待していない立場を意味するなら、そのような評価は、アリストテレスの考え方に対して適切でないし、さらには、人間の知的探究の実際に対してふさわしくない。

アリストテレスの知的営みは、全体としてみれば、それ自体が革新的であった。彼は、すでに述べたように、哲学だけでなく人間の知の歴史に大きな変革をもたらしたのである。この試みは、受け入れられている見方を手がかりに考察するという知の行程の一般的枠組にもとづくものだった。しかし、受容された見解から考察を始めることは、それに裏書きを与えることではない。到達する結論がその出発点と一致することも、またその結論が受容しやすいものであることも、何も保証されていないからだ。アリストテレスも「探究の出発点はある意味でその終着点とは相反する関係にある」と語っている。

そもそも、手がかりとすべき受容された見解や情報も、じつはあらためてそれを明確なかたちで記述し、相互につきあわせるなら、しばしばその自明性は失われ、むしろ当惑や驚きを生み出す。だからこそ、アリストテレスも、師プラトンに倣って、知を希求すること(哲学すること)は驚きから始まると主張するのである。これが探究と発見の原動力となる。プラトンの対話篇で描かれるソクラテスの対話の相手の様子は、その一例だろう。対話相手たちは、自分が当然と思って受け入れてきた信念の間に矛盾があることに気づいて、問題に直面するのだから。

アリストテレスの探究の一般的枠組も、そうした思考のプロセスをより整備されたかたちで示している。つまり先行する諸見解の確認から、考察すべき問題をあぶり出し定式化するという作業を経て、探究へと向かうのである(とりわけ『形而上学』では、そのプロセスは顕著であり、考察すべき問題の列挙と、それについての対立する見解をカントのアンチノミーのように再記述するのに一巻(第三(B)巻)のすべてを費やしている)。だからこそ、ありふれた見方でもそれを吟味して考えていくことで、予想しなかった考えへと導かれることがある。現在でも、経済学におけるアローの定理などをはじめとして、そうした事例は数多く存在する。

自分自身が抱くさまざまな信念、あるいは受け入れている考えについてさえ、それが潜在的に含意することや相互の精確な関係を、すべてはじめから見通すといったことは人間にはできない。しかし他方で、現状のたしかな認識のうえに、手持ちの信念や考えにより明確なかたちを与え、問いただし、見直すことによって、そこに潜在する深い内実を掘り起こしたり、それらを超えて新たな知へと至ることは可能である。人間の知的営みは、そうした力をもっている。アリストテレスが信頼する人間の知的能力とはそのようなものであった。そしてまた「現実」も、いまある現状に終わるものではない。それ自身が変化する力を潜在させているのである(本書第V章参照)。

コラム2　中庸の徳

「中庸の徳」は、アリストテレスの倫理学のなかで最も流布した教えであり、ありがたい訓示から料理のコツに至るまで、あちこちで引用されているが、同時に最も評判が悪い概念である。カントから二〇世紀の最もすぐれた倫理学者の一人バーナード・ウィリアムズに至るまで、そろって「役立たず」という声を挙げているが、それも当然ではある。「超過と不足の中間」を選ぶべきだといっても、誰しも気づくように、「超過」も「不足」もすでに悪しきものであることを含意しているのだから、ほとんど同語反復的である(高校の「倫理」では、この教説をアリストテレス倫理学の重要な理論であるかのように教えているが、そのために賢い生徒たちからアリストテレスがまた「役立たず」と思われないか、私は危惧している)。

しかし、先に触れた「しかるべきことを、しかるべき仕方で、しかるべきときにおこなう」という指令と同様に、中庸の徳の概念がもつある種の空疎さをアリストテレスも自覚していただろう。じっさい、アリストテレスはこの二つを重ねて論じている。そして「しかるべき」という言葉が、それぞれの状況において徳ある人によって具体的に埋められるべき一種の場所取り記号の役割を果たしているように、「中庸の徳」の中間性もまた、思慮ある人が見定めるものである。「徳とは、選択にかかわる性向であり、われわれとの関係における中間性であり、ロゴスによって、つまり思慮ある人がそれにもとづいて選択するロゴスによって定められている」(『倫理学』第二巻第六章 1106b35–1107a2)。

この考え方を、アリストテレスがあえて極端の間の中間(中庸)という概念を使って表現したのは、一つには通念的な道徳と接続するという理由があったであろう。古代ギリシアでは、「度を超えるなかれ」という言葉に表現されるような、世俗的だが多くの人が暗黙のうちに従っているある種の規範があった。実生活では、現在でもそれなりに意味をもつ指針である(たとえば中庸の精神でうまく豆をブレンドしてとてもおいしい珈琲を淹《い》れる喫茶店がある)。アリストテレスは、この世間的な知恵を自身の倫理的思考のなかにとり入れて仕立て直していると言える。

それとともに、この中間性の概念は、それぞれの徳がもつ独自の領域的性格を表わしていることに注意してよい。勇敢さは大胆さと恐れにかかわる中間であり、節度は快楽と苦痛にかかわる中間であり、気前のよさは金銭の授受にかかわる中間である。徳に応じて、避けるべき超過や不足が異なる。アリストテレスも、行為については一般的な説明は内容が空虚で個別的説明のほうが真実に近いことを強調し、それぞれの徳について何が超過と不足であるのかを判別する必要を説く。これは、プラトンの対話篇でソクラテスが語っている、すべての徳が一つである(徳の一性)という主張とは明確に対立する考え方である。そしてこの教えのほうがより実践的である。飲み会で気前のよさという徳を発揮しても、度を超して飲まないという節度の徳を行使したことにはならないのである。

III

現代自然科学で十分ではないのか
——自然を理解するための知

ギリシアの物理学や生物学はいまや歴史的な関心に値するだけだ。アリストテレスに助力を求める現代の物理学者や生物学者など皆無である。

——B・F・スキナー

問い

よろしい。アリストテレスの方法論的考察や倫理学は、もしかするといまでも意義があるかもしれない。でも、自然科学が古代ギリシア以来長足の進歩を遂げていることは明らかである。いまさらアリストテレスの自然の研究を読む意味はないだろう。もしあっても、それはニュートン以前の物理学、ダーウィン以前の生物学などの様子を知り、人類の知が着実に進展したことをたしかめるぐらいではないか。

とりわけ進歩だとはっきり言えるのは、原因についての考え方である。アリストテレスは、自然には目的があり、それが原因でさまざまな自然現象が起こると考えていた。これは擬人的な世界観であり、自然科学的世界観を手に入れているわれわれはふりかえる必要さえないだろう。

1　変化する世界を語る言葉

アリストテレスは、ほとんど文字通りの意味で、論理学の創始者である(コラム1参照)。土地を開拓するのに、それを耕す道具の製作から始めて、手つかずの荒野を開墾したと言ってよい。そしてまた、倫理学についても、一つの自律的な探究分野として確定させたという意味でなら、創始者と言えるだろう。

これに対して自然についての探究は、いうまでもなく、アリストテレス以前からさまざまなかたちでおこなわれていた。農業や漁業に従事する人びとの動植物についての観察や経験、それに密接にかかわる星々の運行や気象にかかわる知識の蓄積があった。さらに「ヒポクラテス文書」と呼ばれる著作には、当時の医術的な知識が集積されている。こうした医術の知は、病や傷を治癒させるという具体的な効果を通じて知識の効力と有益性を雄弁に物語るので、古代ギリシアにおいて知識の一つのモデルでもあった。

しかし自然学についても、アリストテレスは、開拓者的な存在である。というのも、古代ギリシア思想の世界では、動いたり変化したりする諸現象に対して、そこに立ち入って論じることを禁止する障壁が設けられたために、自然的世界の全体が禁忌の領域となっていたからだ。アリストテレスはそうした呪縛を解きほどき、続く人びとにこの土地を開放したのである。

運動・変化・生成消滅の否定

自然現象は多種多様であり、移ろいゆく。植物は芽生え、成長し、やがて種子を残して枯れてゆく。動物も運動し新陳代謝をおこないながら、やがては死ぬ。「動かざること」の例に引かれる山でも、じっさいには日々そのかたちを変えており、地震などによって姿を一変させることもある。自然的世界は、さまざまなかたちで運動変化し、生成消滅すると考えられている。

ところが、古代ギリシアにおいては、多様な事物や事象が運動し変化することを、正当に語ることさえできない、という言説が、自然の全般について考え探究を試みる人びと――「哲学者」と呼ばれるようになる人びと――の前に立ちふさがっていた。自然について語ることを困難に陥れたのは、前五世紀前半に活躍したエレア出身の哲学者パルメニデスである。

パルメニデスは、英語の be に相当する「ある」とその否定である「あらぬ」とを峻別し、それがけっして交わってはならないことを主張した。一方の「あらぬ」は、探究することも、そして語ることも知ることも不可能である。これに対して、探究すべき「ある」は、不生不滅でいかなる運動も変化もそこには認められない。

一般的に変化とは「何かであらぬ」ことから「何かである」ことに至ること（あるいはその逆）であり、生成とは「何かがあらぬ」ことから「何かがある」ことへ至ること（そして消滅はその逆）である（このことからわかるように、問題となる「ある」は、日本語の動詞の「ある」、あるいは英語のbeと同じく、「〜がある」と「〜である」の両方を蔽う意味をもっている）。つまり変化も生成消滅も、「ある」と「あらぬ」を何らかの仕方で結びつけることになるが、パルメニデスは、この結合される事態を一種の虚妄として、「この途からは思いを遠ざけるべし」と立ち入りを禁じている。生成変化する自然について語ることは、この侵入厳禁の領域に含まれる。

パルメニデスも、われわれがじっさいにさまざまな生成や変化を目にしていることまで否定しているわけではない。彼は「思わくの途」として、天文現象や生物の成育などについて語っている。しかしその領域は、真理性を欠いた言説でしかない。

このパルメニデスの主張は、その後の哲学の行方を大きく左右した。パルメニデスの後に登場する人びとは、この主張に対して何らかの応答を迫られたからである。弟子のゼノンは、師を擁護した。彼は、かりに運動や変化を認めるなら、どのような困難を引き起こすのかをいくつかのパラドクスのかたちで提示した。たとえば、「アキレウスと亀」として現在に伝えられるものは、そのパラドクスの一つを原型としている。

他方で多くの論者は、このパルメニデスの主張に直面しつつも、禁止された区域に立ち入らないような隘路をみつけたり、あるいは立ち入っていないことを装うように論じたりして、何らかの仕方で変化や生成消滅を説明しようとした。——少なくとも、いま支配的な哲学史の記述は、そのようにギリシア哲学の歴史を描き出している。

プラトンとアリストテレスの挑戦

しかし、このパルメニデスの主張を正面からとりあげて、それを検討し、批判的に応答したのはプラトンとアリストテレスである。プラトンは、対話篇『テアイテトス』のなかでソクラテスの口を通じて、「あらゆる点で高貴な、そして底知れないなにかをもっている」とパルメニデスに対する尊敬と畏怖の念を語っている。パルメニデスが「ある」と「あらぬ」を峻別したことを真剣に受けとめていたこともたしかであろう。しかし『ソフィステス』では、「父なるパルメニデス」の言説を吟味にかけて「あらぬものが何らかの仕方であること、あるものが何らかの仕方であらぬこと」を論証することを試みている。この試みを「父親殺し」のようだと受けとらないでくれ、と断っていることは、プラトンがこの論証を致命的な批判であると考えていたことを暗示している。

これに対して、アリストテレスのパルメニデスに対する態度は、診断的と言ってよい。もちろん、アリストテレスにとってパルメニデスの主張はとうてい受け入れられるものではなかった。生成変化することは自然の最も基本となる事態だと考えるからである。しかし、パルメニデスの主張もまた先行する有力な見解であるので、アリストテレスの探究の一般的枠組からすれば、尊重し検討するに値する。事実アリストテレスは、ただ切って捨てるのでも、またなんとかその理屈をかいくぐろうとするのでもなく、パルメニデスの議論を診断し、彼を誤った主張へと導いた病根を発見し、そしてその根を除去することによってそれに治療を施す。なぜなら、アリストテレスによれば、この論者たちも「あるものの真理とその自然本性を探究し」ているからだ。ただし、「経験的習熟の不足によっていわば他の途へと押しやられ、方向を踏み間違えた」(『自然学』第一巻第八章 191a24–27)のであり、彼らが途を踏み外した原因を突き止めることによって、「無知から解放する」ことができるのである。

こうした物言いは、プラトンと比べるなら、ある種の不遜さを感じさせるかもしれない。しかし、他の哲学者たちに対する場合に彼はいつもそうなのだが、アリストテレスはパルメニデスに対しても、論じられている事柄それ自体に即してその見解を受けとめ分析に努める。言説は公共的であり、アリストテレスはその言説に誠実に向き合うのである。

パルメニデスの病理

アリストテレスは最初に、パルメニデスとその継承者たちの前提を批判的に検討する。その診断によれば、彼らの主張の根幹にあるのは「ある」が一義的であるという前提である。この場合の「一義的」とは、「ある」の諸義として挙げられる、「〜がある」という存在の意味、あるいは「〜である」という述定的意味、あるいは真であるという意味のうちのどれか一つを意味するということではない。その適用がすべてを同一にしてしまうような、より強い一義性である。つまりXに「ある」を認めるなら、「ある」と認められるものはそのXと同じあり方でなければならないのである。

「人間が白い」という事態を考えよう。これは「人間」にも「白い」にも「ある」が成立している事態であるが、パルメニデスの立場では、たとえば「白い」に「ある」を認めるなら、人間は「白い」とあり方が異なるので、「あらぬ」ということになる。逆に、人間に「ある」

を認めるなら、その「ある」は白いに認められる「ある」とまったく同じ意味であるのでなければならない。つまり両方には同じ意味での「ある」（それが「〜がある」という意味であれ、あるいは「〜である」という意味であれ）が適用されるというだけでなく、一方のものに適用されるのとまったく同じ仕方で他のものにも適用されなければならない。

すると、世界は、このような強い意味で一義的な「ある」だけに塗り尽くされ、そこには差異というものがまったく含まれない。文字通り、「すべてが一つになる」のである。当然この帰結には、「あらぬ」という差異を含む生成変化を否定することも含意されている。――これがアリストテレスの診断である。したがってこうした帰結を免れるためには、「ある」が、「人間」と「白い」の差異を消してしまうほどに強い意味で一義的であるという想定を破棄しなければならない。

運動変化の条件

アリストテレスは、この「ある」の一義性というテーゼそのものを直接論駁するのではなく、まず運動や生成変化とはどのような事象であるのかを説明することを通じて、じっさいにわれわれが把握している世界における「ある」の成立の仕方を明らかにしている。この議論は、その仕事ぶりをよく表わす分析として、アリストテレスの哲学に案内するうえで最初に紹介されることが多い（私も長い間、入門的講義でそうしてきた。これから紹介する分析が哲学のすぐれた原型の一つであると考えるからだが、退屈と思う人がいるだろうことも、経験的に理解できる。そういう人は数頁飛ばしてもらっても構わない）。ともかくその様子を見てみよう。

アリストテレスは、運動や変化の原理を、「なる」「生まれる」「生成する」と訳すことができるギリシア語（ギグネスタイ）の使用実態の調査を通じて析出してゆく。分析の道具であり、そしてまた侵入禁止のバリアを破る鍵となるのは、「単純なもの」と「複合的なもの」という二つの対比的概念である。

同じ一つの変化には複数の記述の仕方が可能である。たとえば同一の変化が

(1) ある人間が音楽的になる
(2) 非音楽的なものが音楽的なものになる
(3) 非音楽的な人間が音楽的な人間になる

と記述できる。

アリストテレスによれば、この「AがBになる」という形式で記述される変化において、AとBは、(3)においてAが「非音楽的」と「人間」、Bが「音楽的」と「人間」として明示されるように、複合的であり、かつその複合的なものは変化の前後で同一の規定(「人間」)と相対立する規定(「音楽的」「非音楽的」)とに分析される。生成変化においては、対立関係にないものが存続し、対立関係にあるものが存続しない。つまり変化という事象を理解するうえで重要なのは、この同一のものについて複数の規定が成立するということ、この例であれば「音楽的」と「人間」という複数の異なった局面・相貌をもつということである。こうして「〜になる」と語られるものが、複合的なものとして分析されることによって、変化は「存続するもの＋対立するものの一方」から「存続するもの＋対立するものの他方」へと交代するという構造をとる。

しかしこの図式は、あるものがもっている性質や量の変化には当てはまるが、生物が生まれたり人工物が作製されたりすることには適用できない、と考えられるかもしれない。アリストテレスも、そうした事例の言語表現は、上記の「AがBになる」ではなく、むしろ「AからBが生まれる」ないし「AからBになる」という形式をとることに注意している。たとえば、

(4) 青銅から彫像になる(青銅から彫像が生まれる)

人間や彫像といったタイプの存在は「ウーシアー」と呼ばれる。アリストテレスが「ウーシアー」という言葉をどのような意味で何を指すものとして使ったのかは、第V章であらためて論じるが、ここでは、性質や量ではなく、それを担う人間、馬、彫像や寝椅子といった存在であるとしておこう。このタイプの存在の特徴は、端的にそれが「生まれる」「生成する」と語りうることである。アリストテレスはこの種の変化を狭義の「生成」と呼んで性質や量の変化などと区別している。

アリストテレスがおこなったのは、構文上は、(1)—(3)とタイプが異なる、(4)の言明を分析し、いわばその深層にある思考をとりだすことだった。(4)も、そこに明示されていないが、やはり存続する項と対立する複数項を含む言明である。すなわち、(4)「青銅から彫像になる」の主語「青銅」は、じつは「彫像の形を欠く青銅」「非定形の青銅」であり、述語の「彫像」は「彫像の形を与えられた青銅」「定形の青銅」なのである。(4)の言明には、相対立する項が概念的に潜在しており、「青銅+非定形」から「青銅+定形」という(3)と同じ構造をもっている。アリストテレスは日常言語を尊重しつつも、それを絶対視せず、言語表現の深層にあるわれわれの概念装置にまで分析を進めているのである。

生成変化と形相・素材

以上の分析にもとづいて、いま確認した端的な生成の場合をも含めて、生成変化全般における最も基本的な契機は、

(i) 新たに生成した〈形相〉――音楽的、彫像
(ii) 変化においてその〈基に措定されているもの〉――人間、青銅
(iii) 新たな形相と対立しそれを欠いている状態――非音楽的、形のなさ

に集約される。このうち、〈　〉で囲った二つの用語は、さまざまな考察のなかでその内実を充実させられる概念であるが、この分析において導入されたものだ。

性質や量の変化の場合には、(ii)の「基に措定されているもの」は存続する(人間の色や身長が変わっても人間であることに変更はない)。ウーシアーの生成の場合には、「基に措定されているもの」は、ある仕方では変化後にまで存続するが、それ自体も何らかの変化をこうむる。

家を建築するうえで使用される木材にはいろいろな加工が施されるし、ひまわりの小さな種子は大輪の花へと変貌する。しかし、それらは、生成の起点にあり、また生成したものに何らかの仕方で内属すると言いうる。アリストテレスはこのような身分にあるものを、「素材」(ヒュレー)という言葉で術語化する。

この「素材」と対義語的な関係にあるのが、それぞれのものの規定を示す「形相」である。「形相」と訳される「エイドス」という語は、プラトンではイデアを表わすのにも使われるため、アリストテレスはプラトンのイデアを地上に引きずり降ろして、感覚される事物のうちに内属させた、といった解説がよくおこなわれる。さらに、この形相と形相が内属する物質である「質料」(これまで「ヒューレー」はこの言葉で訳されてきた)から、それぞれの個物が構成されるのだ、と。

しかし、この対概念の重要な源泉が以上の分析に使用されているようなものだとすれば、形相と素材が一緒になって個物ができあがる、といった理解はアリストテレスの考え方を見る目を曇らせてしまうかもしれない。つまり、形相と素材という概念は、まずわれわれが経験したり理解したりするある特定の事象——この場合は生成変化するもの——を、その具体的な事例の分析を通じて理解するために必要なファクターである。もちろんプラトンのイデアという概念も無関係ではない。プラトンのイデアも、もともと「何であるか」という問いに応答するものとして構想されていた。プラトンからの継承というのであれば、アリストテレスにおける形相も、その同一性が、「何であるか」というソクラテス的問いにもとづいていることこそが強調されるべきであろう。

何を示したのか

アリストテレスはこのような分析を通じて、世界には多様なかたちの「ある」が、しかも均一ではない仕方で関係しながら、成立していることを描き出している。

変化を構成する一方の項には、「人間」「音楽的」が「人間が音楽的である」というかたちで結びついて成立している。この二つを区別するなら、「音楽的であらぬ」の意味で「あらぬ」ものから変化や生成が成立することに困難はない。変化の起点にはまったくの無ではなく「人間である」ものが基に措定されているからである。アリストテレスは、われわれの経験に即して、「ある」「あらぬ」の非一義的な使用と、両者の結合を認める。そのことによって、パルメニデスたちの主張の前提の誤りをつきとめ、そこから解かれる途を示したのである。

否定されたのは、しかし、ただ「ある」だけがひたすら成立しているのっぺらぼうなパルメニデス的世界だけではない。「ある」の多様性は認めるが、その多様な「ある」が平等に同じ権利を主張する世界観も否定されている。

このことを考えるために、いまかりに、ある人間を構成する性質が二五個であったとして、その性質(いまそれを次頁の図のように五×五のマス目で表わそう)の一つが、あるときには「非音楽的」であり(Aの影のついたマス目部分)、またあるときには「音楽的」である(Bの斜線の引かれたマス目部分)としよう。すべての「ある」に平等な権利を認める平等主義的世界観に従えば、ある人間が「音楽的」となる変化とは、影のマス目が斜線のマス目に入れ替わることである。

しかしこの平等主義では、二五個の四角からなる大きな四角に見えるものはじつはたんに二五個の四角が並んで存在しているだけである。大きな四角を囲むように見える線も個々のマス目の外枠が並列しているだけなのだ。すると、「人間」は、「音楽的」やその他の性質の寄せ集めにすぎないのだから、AとBの間に変わらず存続しているものではない。つまりこれは異なった時点で異なった性質や特性が出現しているという事象であり、それ以上ではないのだ。

人間や家など、変化において存続するものに特権性を認めず、それらを色や形やその他の諸性質の集まりや束にすぎないとする考え方は、常識的な見方に反するラディカルな考え方では

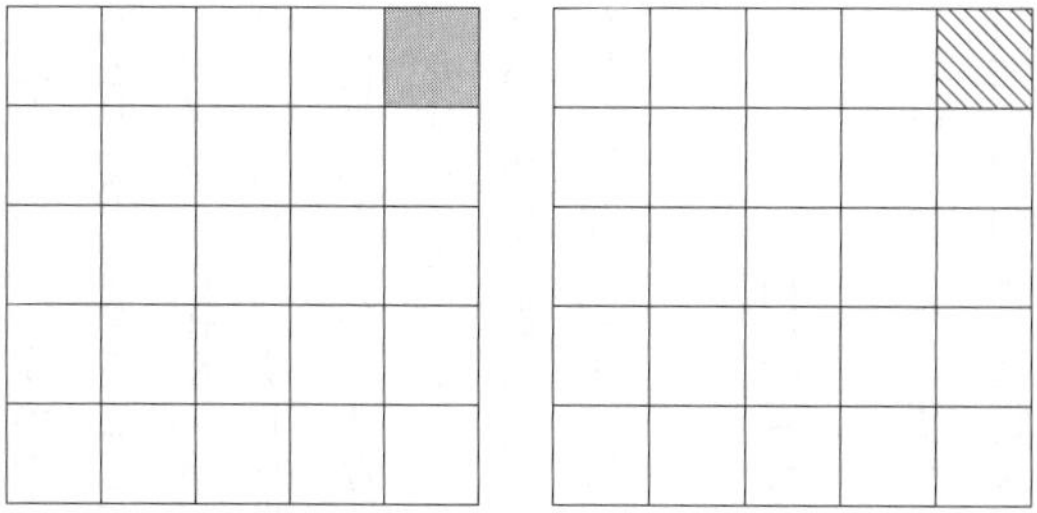

A　　B

ある。しかし、この考え方はじつは古代ギリシアの思想の伝統に潜在的に含まれていた。たとえば世界の諸事物が四つの元素からなるというエンペドクレス流の自然観も、原子の集合だという原子論も、むしろこのたぐいの考え方である。プラトンもそうした見方を『テアイテトス』(157a7–c2)で明確かつラディカルなかたちで議論の俎上に載せている。石や岩など強固なまとまりをもっているように見えるものも、その時々に現われる性質の集合にすぎないのだ、と。そして現代哲学でもいぜんとして(反アリストテレス的世界観として)支持者のある見方である。

しかしアリストテレスにとって、一つの変化において存続する「人間」は、他の性質と並ぶ平等な存在でない。AとBの外枠がそのなかのコマをまとめるように、ある特権的な存在である。一つの変化において、異なった性質や特性はバラバラに出現するのではなく、ある一つのまとまりのもとで現われる。そして、ある時間の相のもとで一つの生成変化という事象として成立し理解されるのは、異なる世界の相貌の間に、それをつなぐ何らかの意味での同一の要素が存続することにもとづく。先の場合であれば、特定の人間が対立するどちらの項と結びついても、同じ人間として存続することで、この変化をその人間における変化としている。これは「人間」というタイプの存在が「音楽的」というタイプの存在と異なることを示唆する(この点については、のちに「カテゴリーの理論」に関連してあらためて説明する)。

自然的な事象、すなわち火が燃え、種子から植物が成長し果実を実らせ、動物が動きエサを捕食すること。これはそれぞれ何かの「変化」という、一定の時間の相の下で一つのまとまりをもつ事象である。この一つのまとまりを前提として成立するそれぞれの変化について、われわれは探究し、その原因を理解することができるのである。

2　自然とその原因

変化について、語ったり理解したりするための枠組を提示したうえで、アリストテレスは、自然を次のように定義する。

自然とは、動と静止の始原が、付帯的にではなく、第一にそれ自体に内属している当のものが運動変化したり静止したりすることの、ある始原ないし原因にほかならない。（『自然学』第二巻第一章 192b21–23）

この定義においては、自然物の場合には、動と静止の始原・原因が、「付帯的に」つまりたまたまそれに付随するという仕方ではなく、事物それ自体に内属する。人工物も運動をおこなうが、たとえば寝椅子が下へ落ちるという運動をおこなうのは、アリストテレスによれば、運動の原理をそれ自身としてもっている木材や石などの材料から寝椅子が構成されていることに依存している。したがって、寝椅子それ自体には、運動の原理が内属しているわけではない。これに対して、それ自体に運動変化の原理が内属しているという事態は自然的存在のなかでも動物の場合によく見てとれるだろう。

四原因説

この自然のあり方を理解し説明するためには、アリストテレスは四種類の原因を挙げ、そのすべてを研究することが必要であるという。四つの原因は、変化の成立条件として挙げられた形相と素材という二つの原因に加えて、そこから運動が始まる原因としての始動因、そして目的という原因である。家の生成という事象を例に説明すれば、

(i)素材因――事物に内在していて、その事物がそこから生成するところのもの。木材やレンガ

(ii)形相因――形相あるいは範型、すなわち、当の事物が「それであるということはもともと何であるのか(=本質)」を示す規定(ロゴス)。「風雨から身を守るもの」

(iii)始動因――運動変化あるいは静止がそこから始まる最初の始原。建築家あるいは建築術

(iv)目的因――目的としての原因。すなわちそれのために、というそれ。「風雨から身を守るため」

これがアリストテレスの四原因論である。その悪名が高いのは、とくに自然科学的知見からすれば、本来原因と呼ぶべきでないものを原因と呼んでいると考えられるからだ。たとえば、行動主義的心理学を提唱したB・F・スキナーは、自然科学に比較して人間の科学の遅々とした進展を嘆き、そのことを直言している。以前は権威のあったハーバート・バタ

ーフィールドの科学史の書を引き合いに出しながら、物体が意志や目的をもつといった考え方、あるいは「落下する物体が加速するのは、そのホームに近づくにつれていっそう歓喜の念をおぼえるからだ」という考え方をアリストテレスに帰したうえで、次のように主張する。自然科学はそうした見方から脱却したおかげで発展できたが、人間の行動科学はいまだに意図や目的などの内的な状態に訴えるような目的論を引きずっているために科学的になれないのだ。刺激と行動にもとづく行動主義的心理学こそ、それにとってかわるべき人間の科学である…。

こうしたあからさまに科学主義的で威勢のいい批判に対してなら、アリストテレスをかなりの程度まで擁護することは可能である。アリストテレスは、技術のように特定の目的を目指すことが明らかなものでも、技術を行使するうえで技術者が思案したり熟慮したりすることを否定している（『自然学』第二巻第八章 199b26-30）。また、植物の成長は果実をつけるためであり、その成長には目的因がはたらいているが、アリストテレスによれば、植物は思考能力はもちろん、知覚も欲求ももっていない。さらに、月蝕のような現象はそもそも何かのためであるのではないとも語っている。それに、目的に訴える説明は、自然科学においてさえ、廃棄されたわけではない。たとえば生物学では、動物の器官の機能を説明するのに、「これは～のためだ」というアリストテレスと同様の目的論的な語りをしているではないか。

アリストテレス学者たちは、こうしたことに加えて、目的因や形相因という考え方が荒唐無稽な理論ではなく一定の説得力をもっていることを示すために、きまって次のように付け加える。アリストテレスが論じた「原因」と呼ばれるものは、近代的意味での「原因」よりもずっと広い概念である。「原因」と訳される「アイティアー」という言葉は、もともと人間の行為についての「責め」とか「責任」とかを意味していた。その後、自然現象についても適用されるようになり、アリストテレスもその用法に従っている。その基本的な意味は、「なぜ」「なにゆえ」そうなのか、そうしたのかという問いに対して答えるものだ、ということである。したがって、近代的な意味での原因(cause)よりも理由(reason)や説明(explanation)と訳されるほうがふさわしい。四原因説というのはミスリーディングで、むしろ「四つの説明の理論」といった意味に解されるべきだ…。

アリストテレスにとっての原因

しかし、口当たりをよくしようとして調味料を使いすぎると、本来の味を損ねてしまう。「原因」と区別される「理由」や「説明」に訴えて擁護することも、アリストテレス自身の考え方を見失わせる危険がある。自然の実在的あり方を論じるアリストテレスの「原因」の理論を、「説明」という、われわれの認識や発見にかかわる理論に仕立てかねないからだ。じっさい、説明の妥当性や有効性は、それが予測の道具として役に立つかどうかに依存する、という考え方もできる。たとえば、重心とか地球の赤道といったものは、物理的に存在するわけではないが（だれも赤道を見たことはない）、それぞれ物体の動きや地球に関係する事象の説明のために有効である。

アリストテレスも、自身の「説明の理論」をもっていた。すでに本書でも紹介した、「論証」の理論がそれである。しかし、論証がある事象の説明として有効であるのは、探究される事象の「原因」を参照する推論を構成しているからだ。この説明の理論の根底にあるのは、実在のレベルでの原因と結果という関係が成立していることである。「説明」が認識にかかわるものであるとすれば、アリストテレスの場合には、それを実在のレベルでの「原因」と分離して考えることはできない。アリストテレスの原因論を理解するために必要なのは、原因を別の概念に置き換えて御しやすいものにすることではなく、「原因」とは何かということそのものをアリストテレスに即して再考することだろう。原因の概念について、アリストテレスの理解と近代的な理解とが異なることはたしかであるが、その差異は、たんに目的に原因性を認めることが許容できるかどうかといった問題ではなく、自然観の基本的相違と連絡している。問題の奥行き深いのだ。見方を変えれば、四つの原因という構想をアリストテレスに即して考えることができれば、自然についてのアリストテレスの根幹となる考え方を理解できるだろう。

アリストテレスの原因の概念を理解するためには、通常の意味での因果関係の理解からいったん距離をおく必要がある。思考の方向が異なるからだ。その違いは、引用される事例に見てとることができる。アリストテレスの原因概念を説明するのに引き合いに出されるのが「家の建築」であるのに対して、近代的な因果関係を論じるうえでの典型的な例は、投げたボールが当たってガラスが割れる、といったたぐいの場合である。この場合の原因はボールが当たるという出来事であり、結果はガラスが割れるという出来事である。この二つの出来事それ自体は互いに独立の事象であるが、その間には、「ボールが当たるとガラスが割れる」という法則的、あるいは恒常的な連接関係が認められる。したがって一方は原因であり、他方は結果であるという因果関係が成立している。あるいは、因果関係について観念論的に考える論者に従うなら、われわれが心のなかでそこに因果関係を読みとるのである。

このような原因と結果の理解が描き出す世界は、極端に単純化すれば、Aの次はB、Bの次はC、というように個別的出来事が次々と継起する世界である。そのなかで、Xが起こるとつねに、ないしは必ずYが起こる、という恒常的ないしは必然的な関係が因果の関係である。したがって、自然的な事象を説明する知は、恒常的あるいは必然的に継起する関係のうちにその事象を位置づけることによって得られる。法則に訴える知とはそうしたものだろう。たとえば「陽が差すと気温が上がる」というように、特定の事象を、与えられた初期条件と自然法則や統計的な蓋然性にもとづいて説明するのである。

アリストテレスにとっての原因の理解はこれとは基本から異なっている。まず、すでにみた探究の理論、とりわけ論証の理論において、問題となる事象をXとすれば、Xの原因、あるいは「なぜXなのか」という問いは、「Xとは何であるか」という問いと一体的に考えられていたことを想い起こしてほしい。「Xとは何であるか」という問いに応答するのは、XをXとして規定する何かである。アリストテレスの「原因」の概念の基本には、そのように、ある事象をまさにその事象たらしめているもの、という理解がある。

形相と目的

アリストテレスの原因の分類のなかで、人間やイカ、雷鳴などの自然的な事物や事象のそれぞれを、まさにそのような事象たらしめているもの、それはまず第一に、その形相である。人工物の場合は、特定の機能がそのものをそのものたらしめるので、機能がその形相となる。

たとえば、一つの家が家として成立しているのは、それが「風雨から身を守る」という機能を実現しているからである。自然物の場合は、先の四原因の規定にみられるように、いわゆる本質がそれに当たる。いま飲んだ液体が水であることの原因は、その液体が水の形相ないし本質としてのH_2Oであるからである。この意味において形相は原因であり、それを参照することは「なぜ」という問いに答えることである。「風雨から身を守る」こともH_2Oであることも、それぞれの事象をそのものたらしめる実在的なあり方であり、「なぜそれが家なのか」「なぜそれが水なのか」を示している。

しかし自然は変化する事象である。アリストテレスの「原因」の概念の基本は、このことにある。形相は、それだけではこの変化する事象としての自然の原因をすべて語ることはできない。この変化という相のもとにある事象を理解するためには、さらに別の原因の認識が必要である。

まず、一つの生成や変化には終わりがある。目的を表わす「テロス」というギリシア語は、ある一連の事象がそこへと至りそこで終わったりそこで限界づけられているという「終極」を意味した。このような目的ないし終極は、人工物や自然物の場合には、当のものをそれたらしめるものとしての形相とじっさいには同じであったり、あるいは形相を規定する「何であるか」という定義のなかに含まれる。たとえば家の形相は、「風雨から身を守るもの」であるが、それは「風雨から身を守るためのもの」でもある。自然物においても、たとえばひまわりの種子は、ひまわりをひまわりたらしめているものを終極としてそこに向かって成長する。当の事象をその事象たらしめるものである形相は、生成や変化の目的・終極という性格をもつ。形相因と目的因が多くの場合一致するとアリストテレスが述べるのも、このためである。

したがってとりわけ自然物の場合には、それが終極する目的を知るために、原因を問う事象を、ある一定の時間の相の下で見ることが求められる。ただし目的因は、終極する未来からその事象を牽引して引っ張りあげる巻上げ機のようなものではない。その事象のうちに特定の終極へと向かうことができる、目的を実現すべき内在的力がそなわっているがゆえに、目的は原因なのだ。

始動因

始動因は、文字通りに運動を始める、運動を起こすという意味での原因である。この原因は、しばしば現代の原因の概念との類似性を認められて、形相因や目的因ほどの非難は浴びずにすんでいる。

しかし、この原因は、因果過程のうえでたんに時間的に先行する出来事といったたぐいのものではない。始動因もまた、問題となる事物や事象が「何であるか」あるいは「何のためであるか」と密接にかかわっている。たとえば家にとっての始動因は建築家であり、また建築技術であるが、そう特定されるのは、そのはたらきの終極目的が家という建築されたものと特徴づけられるものであるからだ。じっさいには、家の完成までには無数の因果的プロセスがある。一方である人が始動因とされる建築家となるまでに、その建築技術の学習、その人の生誕さらに…、と因果系列を構成する出来事を時間的に遡ることができる。また建築家が建築技術を行使して建築を開始した後も、レンガを積んだり木材を加工したりすることなど、家の完成に至るまでに多くの出来事が因果過程に介在している。しかし、これらはいずれも家の始動因ではない。始動因は、因果過程のなかの一つの出来事ではなく、その建築物としての家の完成という目的・終極に至る運動変化を引き起こしたものとしての原因である。その意味で、最終的に成立するものに「説明責任」だけでなく「製造者責任」をもつのである。

始動因も、ある事象をまさにそのものたらしめることに貢献するという意味で変化や生成の原因である。

素材因

以上のように目的因や始動因が形相因と密接に関係するのに対して、残る素材因は、むしろ形相因と対比される原因である。だが、素材が原因としての資格をもつのは、これもやはり、ある形相の実現を可能とするのに欠かせない物質的要素だからである。この目的を前提としたうえで素材に認められる必然的な性格は「前提にもとづく必然性」あるいは「条件的必然性」と呼ばれる。たとえば、ノコギリの形相は切断するという機能にあり、その目的は「切断するため」である。この機能をもつノコギリをつくるための材料、すなわち素材となるのは、一定以上の強度をそなえながらも、ノコギリの形状、つまり切断するために適した形に成形できるものでなければならない。つまり、その素材は適切な強度と可塑性をそなえたものであることが、必要でありまた必然である。鉄がノコギリの素材としての原因であるのは、形相ないし目的を実現するうえで求められる物質的条件をそなえているからである。

素材を表わすギリシア語「ヒューレー」は、もともと木材ないし材木を意味しているので、何かのために使用されるという、目的との関係を含みもつ言葉であり、これに相当するラテン語の materia も、その含意を継承している。この意味では、素材はある事物や生物を構成している物質(matter, material)であるが、その事物や生物のあり方と独立別個に探究され特定される微細な構成要素ではない。

たとえば動物にとって素材は、脳や臓器、四肢などの器官をそなえた身体である。それがその動物を動物たらしめている形相や目的を実現するために必要・必然的な物質的基盤だからだ。他方で、アリストテレスにとって世界の諸事象を構成する最も原初的要素は火や水、土や空気であり、現在の科学では、動物の組織はそれを構成する細胞、分子から原子、そして素粒子へと分解することができるが、素粒子はアリストテレス的な意味では動物の素材ではない。ただたんに物質の構造を小さな部分へと分解したところで、それは、当の動物、たとえば人間が人間であるということに貢献するファクターとはならないからだ。つまりアリストテレス的な意味での「原因」の身分にはない。

　アリストテレスの原因の探究が、ある事象をその事象を構成する物理的な構成要素から考えるボトム・アップ的手法ではなく、より上位の機能をその機能を実現するための下位の要素に訴えて説明するトップ・ダウン的な様相を呈するのも、素材がこのような意味での原因だからである。

出来事と力

復習を兼ねて、近代的因果関係を論じるうえでの範例である、ボールが当たってガラスが割れるという現象について、アリストテレスがその原因を尋ねられるなら、どのように説明するかを想像してみよう。彼はおそらく、まずボールとは何か、ガラスとは何かを特定するだろう。そのそれぞれの本質は、ボールの形と強度やガラスのもろさといったそれぞれの特性――アリストテレスはこれをデュナミス(力能)という言葉で呼ぶ――を説明する原理となる。つまりガラスが割れるとは、始動因としてのボールを投げた者への言及とともにボールとガラスの二つのデュナミスに言及し、二つがある仕方で共同して実現する事象であるといった説明になるのではないか。

アリストテレス的な原因の概念と近代的な原因の概念の主要な対立点は、アリストテレスの原因の概念が、近代の原因概念より広く、説明や理由なども含む、という点にあるのではない。むしろこの世界を、一連の出来事が因果的ないしは(因果性が実在的ではないと考えるなら)継起的に進行する世界と考えるのか、それとも生物をはじめとしたそれぞれのものに原因となる力の存在と可知性を認めるのか、という点に求められるだろう。――こうした考え方については、第V章でより詳しく述べる。

探究される自然的な事物や事象は、素材と形相という相関する二つの局面をそなえており、それぞれが原因としてはたらいている。それゆえ自然学的な知は、形相因と素材因を探究しなければならない。ただし、それを別々に認識するのではなく、その知は相関的である。さらに目的因も、始動因も、先に述べたことから、とりわけ形相因の認識と不可分であることが知られるであろう。

アリストテレスの自然学は、以上の意味において、それぞれの事象について四つの原因を知ることを要求する。

3 なぜイセエビから宇宙までを観察するのか

自然探究のプログラム

さらにアリストテレスは、運動、場所、空間などについての考察を展開しつつ、自然の全体にわたる知を構想する。その構想は、『気象論』の冒頭で明言されている。

さて、⑴自然の第一の諸原因について、そして、⑵すべての自然的な運動変化について、さらにまた、⑶上方の運行に即して秩序づけられた星々について、また、⑷物体的な基本要素について、それらがいくつあり、どのようなものであるかということについて、また、

⑸それらの相互間の変化について、また、⑹生成と消滅の共通するあり方については、先に論じられた。しかしこの探究の一部として、さらに考究すべき課題が残されており、⑺それは先人たちがみな「気象論」と呼んでいたものである。…これらについて詳細に検討したうえで、われわれは⑻動物と植物について、これまでわれわれを導いてきたやり方にしたがって、普遍的な仕方でも、また個別的にも、何らかの説明を与えることができるかどうかを考究することになるだろう。というのも、これらのことが論じられたならば、おそらく、われわれが最初に選定した課題のすべてが完遂されたことになるからである。
（『気象論』第一巻第一章 338a20–339a9）

これが、アリストテレスの「自然学」全体の研究計画である。幸いなことに、植物についての考察を除けば、⑴から⑻までの課題にかかわる考察は、現在まで伝わる著作のなかに記されている。アリストテレスの自然学は、このように、天界から地上的な世界の物体の構成要素とその相互作用、さらに気象現象、そして動植物にまで及ぶ。『自然学』において、自然とは何か、そしてその自然を探究するためにはいかなる原因を探究するべきかを論じ、運動変化や時間などの基礎概念を詳しく考察したのも、自然的な存在や事象を観察し、考察し、理解するためであった。

それにしても、なぜアリストテレスはこれほどまで大がかりな探究を「最初に選定した」のだろうか。

自然の多様性

一言で言えば、それは自然のあり方が多種多様であるからである。ただし多種多様というのは、たんに種類が多いというだけでない。同じく自然的存在であっても、そこには根本的とも言いうる相違が認められる。たとえば、アリストテレスにとって、天界の星々は場所移動だけをする永遠的存在であるが、地上に存在する生物や動物は、どれも永遠ではなく、変化したり、生成したり消滅したりする存在である。そして生物もさまざまな生き方をしている。人間とイセエビ、ゾウとコウイカ(いずれもアリストテレスは見事な生態や構造の記録を残した)との間には、大きな違いがある。

もちろん、一般的には、すでにみた探究の方法の一般的な枠組が想定されている。つまり探究は「われわれにとって知られることから事柄の本性に即して知られることへ」、また「ことの知からなぜの知へ」、という行程をたどる。またその行程は、理想的には、事象の原因を明らかにする論証の構造を与えることができるだろう。

しかしこれは一般的手順であり、それぞれの分野におけるじっさいの探究を推進する方法となるためには、この手順が探究される事象に即したかたちへとさらに展開されなければならない。アリストテレスが探究の一般的枠組として示した方法論が有効であると自信をもって主張できたのも、それぞれの探究の領域に即した具体化が伴っていたからだ。

まず同じく自然現象であっても、宇宙の永遠性から、月下の世界の要素の運動、そしてそれぞれの動物の生態に至るまで、「われわれにとって知られること」である出発点となるデータの性格も、探究において経験的に習熟するためのアクセスの方法も大きく異なる。宇宙が唯一で永遠であることの論証には、先行見解の検討が出発点となり、「生成」や「消滅」の意味の確定などの思弁的考察が要求される。他方、ゾウの鼻が長い理由には、ゾウの生態と環境の観察から探究は展開される。睾丸の役割については、その位置と他の器官との関係について、解剖学的な知見も使用して考えることができる。

それぞれの主題ごとに、その探究がたどるべき行程や解明されるべき順序についてアリストテレスが反省を怠らないのも、そのためである。じっさいに自然学的考察を展開する各著作のはじめには、主題となる領域に関する探究方法についての議論がまず提示されている。とくに動物についての膨大な考察に先行して探究の手続きや順序を確定するために、『動物の諸部分について』の第一巻全体を費やしている。要するに、自然の事象の多様性が、それを認識するための自然学的な知に対しても、それぞれの事象にふさわしい知のあり方を要求するのだ。その要求に応えることによって、はじめて自然についての探究が完遂され、十分な認識を得ることができるのである。

したがって、他を凌駕する自然の広範かつ詳細な観察は、彼の自然観、とりわけ四原因説を裏づけるものであるが、アリストテレスは四原因説という一般的理論に確証を与えること自体を目的として自然を探究したわけではない。四原因説も、探究においては、個々の自然的事象を知るための道標である。光をプリズムに通すことによって波長ごとの強度の分布がはじめて見えてくるように、これらの原因探究の視点を通じて、それぞれの事象の本質や本性がより深く理解されることによって、四原因説ははじめて有意義な理論となる。

動物の探究

生物ないし動物の探究において、アリストテレスは、その広大な土地を開墾した開拓者であるとともに、他の追随をゆるさない豊かな成果を挙げた。現在まで伝わる「アリストテレス著作集」のうち、『魂について』も含む広義の生物学関係の書はその四分の一ほどを占める。その成果の見事さも、たとえばダーウィンの有名な言葉が物語っている。彼は、ジョン・ウィリアム・オーグルから贈られた『動物の諸部分について』の英訳に対する礼状に、アリストテレスの仕事の素晴らしさに目を開かれたことを語るとともに、「リンナエウスとキュヴィエは、互いに大きく異なる意味ではあるが、私の神であったが、その二人も老アリストテレスにとってはただの生徒にすぎない」と記している。

ただしこの言葉は、リンナエウスやキュヴィエと比較することによって、アリストテレスの仕事が一種の分類学的な試みであったことを仄めかしているようにも読める（ダーウィン自身がどこまで贈られた翻訳を読みまた理解していたのかは不明だが）。しかし、アリストテレスが動物学関係の著作で試みているのは、〈種〉の分類そのものよりも、動物の行動、構造、器官、さらに認知能力や社会性など、そのすべてに関心を抱き、そしてそれを知ることだった。

動物学関係の書を手にして驚くのは、あらゆる意味での豊かさである。『動物誌』が書物の性格からして多岐の生物に言及するのは当然だが、とりあげられる動植物は五〇〇種類以上に及ぶ。また、その考察も、たとえば『動物誌』では、(i)部分、(ii)生き方、(iii)活動、(iv)性格という四つの観点から遂行され、動物の特性やさまざまな動物間の差異が論じられている。

説明に使用される概念も多様である。たとえば、動物の諸部分の同一性を論じるのに、異なる種類の同一性概念が使用される。同じ〈種〉の部分(たとえばヒトという種の鼻)の場合にはその部分も〈種〉のうえで同一である。他方、同じ〈類〉に属するものの部分の間では、〈類〉的に同一の特徴をもつ部分が〈種〉において異なるかたちで実現する(カッコウのくちばしとミミズクのくちばし)。この場合にその間に認められるのは、生活形態に対応した長さやかたちの点での量的相違を伴う同一性である。しかし〈類〉までも異なると、その動物の部分間の同一性は、鳥にとっての羽と魚にとっての鱗というように、類比にもとづく同一性にとどまる。

素材のレベルでの必然性

もちろん、自然的事象であるから、それぞれの事象について四種類の原因が明らかにされるべきだ、という基本姿勢は貫かれている。とりわけ目的という原因の観点からの考察は、その説明の最も基調をなすと言ってよい。動物の各部分と能力、そして特徴は何のためにあるのかが、観察と思弁にもとづいて解明されていく。「喉は息をするために」、「角は防御と強さのために」、というように。

しかし、アリストテレスは汎目的論者ではない。彼は次のように注意することを忘れない。

自然は、ときに、余剰物でさえ有益なことのために使用するが、だからといって、すべてについて「何のためか」を探し求めるべきではない。あるものがこれこれであるときに、それゆえに他の多くのことが必然によって帰結する、ということがある。(『動物の諸部分について』第四巻第二章 677a16–19)

すでに触れたように、自然における必然性について、アリストテレスは目的因を前提としてそれにもとづいた条件的必然性を素材に認めていた。しかし上記の発言は、目的との関係から独立の必然性が存在し、それが事象の説明に貢献することを示唆している。じっさいに多くの研究者たちは、アリストテレスが、目的を参照しない素材のレベルにおける必然性を認め、自然現象の説明に使用していることを指摘している。とくに『動物の発生について』第五巻では、それぞれの動物の生に貢献する目的論的な性格をもつ身体の諸器官に対して、器官の性質や属性の一部は環境を含めたさまざまな物質的要因による必然性によって生ずることが論じられている。たとえば、体毛や髪の毛は動物を蔽って保護するために生えるが、その硬軟や縮れの有無などは、環境と身体の性質によって決定される(アリストテレスによると、性行為を好んで励むと禿げやすいらしい)。この素材のレベルでの必然性による説明は、探究の現場での具体的事象に即して、アリストテレスが自身のより一般的で思弁的な考察を調整している例と言ってもよいかもしれない。

アリストテレスは、あらゆるものがあらゆる仕方で目的との関係で運動変化したり形成されたりしていると考えているわけではないし、すべての事象を目的論というメガネで見ているわけではないのだ。そもそも観察されるデータのかなりの部分は、一見したところ目的などとの関係の不明な、さまざま事象の寄せ集めだろう。そしてそのなかには、事象の間にある必然的関係を認めるだけで十分であり、それ以上の説明を要しない事象も当然あるだろう。しかし、アリストテレスは、そうした事象のなかにも、よりよい説明を求める探究を通じて、目的因をはじめとした原因が見出され、そのことによって、その事象が――発見の喜びとともに――よりよく理解できることを主張する。しばしば引用される次の言葉は、そうした文脈で読まれるべきである。

〔動物の自然本性についての〕考察では、感覚にとって心地よくないものもあるが、そうしたもののなかにあっても、それを制作した自然は、高貴なものの場合と同様に、原因を知る能力があり自然本性によって知を愛する者（ピロソポス）に、はかりしれない悦びを与えてくれる。…それゆえ、あまり高貴とは言えない動物についての探究を、子どものように嫌がってはならない。自然的な事物のすべてに、何か驚くことが含まれているからである。ヘラクレイトスは、彼に会いたいと思ってやってきた客人たちが、彼が炉のそばで暖を取っているのを見て立ち止まったのに対して、その人びとに遠慮せず入ってくるように促したうえで、次のように言ったと伝えられる――ここにも神々がまします。（『動物の諸部分について』第一巻第五章 645a7–21）

些細でありふれたものに見える現象のなかにも、じつは神的とも言いうる秩序が宿っている。そして知を愛するもの（ピロソポス）としての哲学者は、自然本性（ピュシス）において、それを理解することができるのである。哲学とは、この世界のなかに実在する可知的な秩序を見出す悦びに満ちた活動である。

Ⅳ

なぜ「心」ではなく「魂」なのか

――生きることを基本に考える

アリストテレスの心の哲学…に関してわれわれにできることと言えば、一七世紀がおこなったことだ。つまりそれを捨て去ることである。

――マイルズ・バーニェット

問い

「魂」ってプシューケー(psychē)というギリシア語の訳語と聞くけど、そういう概念がなぜ必要なのか。その言葉が「心理学」(psychology)の一部になっているように、心という概念で十分だろう。アリストテレスは植物も魂をもっていると考えているらしいけど、それって、すべてに霊魂(アニマ)があるというアニミズム的な考え方の名残じゃないかな。

植物が成長するのも、人間が考えるのも、魂がそこに宿っているからだというのは、まったく説明になっていない。栄養を取って成長するのは物理的か生理的な過程で、感覚知覚したり考えたりするのは心のはたらきである。それを無理矢理詰め込んだような魂の概念は、破綻していると言わざるをえない。このことは心身の二元論の主張ではなく、そもそもの議論の出発点であり、そのうえで両者の関係を考えるべきだ。

1　生きることの原理としての魂

本書で「魂」と訳されるのは、「プシューケー」(psychē)というギリシア語である。現在では、たとえば英語の「心理学」psychology、「精神分析」psychoanalysisなどの言葉の一部分となっていて、「心」「精神」の意味で使われている。

この古代ギリシア語は、そうした「精神的な」意味にかぎらず、もっと広い意味で使用されていた。最古の用例を見出せるのは叙事詩作家ホメロスの作『イリアス』であるが、そこでは死とともに人の肢体から去ってゆく霊《たま》とか、冥界に彷徨う人の影のような亡霊的存在を意味している。こうした用例では、人間の心のはたらきや精神状態との直接的なかかわりは見出されない。

その後この言葉は、徐々にその意味を拡大し、こんにちの分類では認識や感情、欲求などのはたらきもその手中に収め、われわれの言うところの「心」のはたらきとのかかわりを強めていく。それでも、この語は使用のなかに、濃淡の差はあれ、「いのち」あるいは「生きること」

と何らかのかかわりを保持し続けていた。そのため、この言葉から派生した形容詞「エンプシュコン」は、「魂をもつ」ことを意味するが、その最初期の用例からほぼ「生きている」という意味で使用されている。「魂」と訳されるこの言葉は、生きることの源、あるいは生の原理という意味をその芯にもっていた。

それゆえ古代ギリシアでは、魂は、植物にも人間以外の動物にも宿ると考えられていた(ストア派のように植物には魂を認めないという例外的な立場もあるけれども、それはこの論者たちの一つの哲学的な見解である)。アリストテレスの自然学的知の構想のなかに、動植物についての考察に先だって、『魂について』および感覚や記憶、夢などについて論じた『自然学小論集』が含まれると考えられるのも、このためである。事実彼は、『魂について』の冒頭で、「魂を知るということは、真理の全体にとっても貢献するところは大きいが、とりわけ自然の研究に対して資するところは最大であると思われる。なぜなら、魂は生物(動物)の始原(原理)に相当するものだからである」(『魂について』第一巻第一章 402a4–7)と宣言している。

生命活動全体を蔽う魂の概念が、心の概念と異なることは明らかだろう。それでも、アリストテレスの魂をめぐる考察が心をめぐる議論でも参照されるのは、動物の一員である人間の魂の活動に、感覚知覚や思考といった、こんにちで言う心的現象が含まれるからにほかならない。

魂の二つの規定

アリストテレスは魂の探究に際しても、その考察の手続きについて意識的で、『魂について』の冒頭でこれを詳しく論じている。実際の考察は、まず全体的な定義を与えたうえで、さらにより立ち入った定義を与えるというかたちで進む。

「最も共通的」とされる最初の規定によれば、魂は自然的な物体(身体)の形相、あるいは自然的物体の第一次の終極実現状態(エンテレケイア)として規定される。魂がノコギリの切断機能にたとえられていることが示すように、魂は自然的な物体(身体)のもつ本質的な機能ないし能力である。そして魂と身体とは、蠟《ろう》とそこに押された形の関係にたとえられ、素材と形相の関係にある。したがって、両者が相関的関係にあることから「魂と身体が一つであるかどうかを探究する必要がない」(『魂について』第二巻第一章 412b6)のである。

身体に実現するはたらきの一つという魂のとらえ方は、デカルト的な精神と物体の二元論に対比されて、二〇世紀以降には心身一元論の主張として(好意的に)解釈されてきた。さらに踏み込んで、アリストテレスは心身一元論のうちの特定の理論、たとえば機能主義の先駆者と評価されたりもした。機能主義とは、心がある特定の状態にあることを、身体ないし物体の因果的な機能(ファンクション)として理解する立場である。たとえば、ある感覚刺激という入力に対して、特定の行動という出力を導く一種の関数(ファンクション)として心の状態を考えるのだ。ノコギリとその機能の関係が身体と魂との関係と類比的であるというアリストテレスの議論は、この機能主義的な解釈に一定の支持を与えるようにみえる——もしも、魂のはたらきが心のはたらきとして考えられるとすれば。

生きることの原理としての魂

だが、このようにアリストテレスの見解を現代的な心の理論と重ねることには、大きな困難がある。心と身体(物体)の両方の概念について、アリストテレスとわれわれとの間には、より基本的な見解の相違があるからだ。そしてこの点が、近代以後の心の概念を前提とした諸理論の枠内には収まらない、アリストテレスの魂論の最大の特質でもある。

アリストテレスは、以上の一般的で共通的な魂の規定からさらに分析を進め、彼が「魂の最も本来固有の説明規定(定義)」と呼ぶもう一つの規定を提出している。それは、魂とは、栄養摂取、運動、感覚知覚、思考というそれぞれの能力であるという規定である。この定義を支えるのは、魂が生きることの原理であり、しかし植物と動物、そして人間とではその「生き方」

が異なるという洞察である。植物は栄養を摂取して生きるが、動物は運動と感覚知覚をおこない、人間は思考することができる。たとえ休むことに似た「下手な考え」であっても、人間は多くの時間を思考をめぐらして生きているのだ。このように、それぞれの生の形式は異なる。

われわれは、生きるということを、生命の維持、つまりアリストテレスの言う栄養摂取のはたらきとしてまず考えるであろう。じっさいのところ、感覚したり考えたりすることも、栄養摂取ないし新陳代謝活動がなければ不可能である。したがって、こうした魂の諸能力は、一つの能力を基礎として次の能力が成立するという、ある階層的な構造をもっている。まず植物をはじめとしてすべての生物は、栄養となるものを摂取することによって生き延びることができるので、栄養摂取能力は最も基層にある能力であり、すべての魂をもつもの(生物)にそなわる。植物にはこの能力が帰されるだけだが、動物においては他の諸能力がこの能力を基礎として成立し、それらの諸能力の間にも階層関係が成立する。さらに、人間の生きるという営みには思考する活動が含まれるので、その魂には思考能力が含まれるが、同時にこの能力の基礎となる栄養摂取、感覚知覚、運動の各能力もそなわっている。

生の諸形式

しかし、同時に次のことも確認しなければならない。アリストテレスにとって、栄養摂取だけでなく、運動、感覚知覚、そして思考も、それぞれが生の形式であり、生きる能力の発現のかたちなのだ。アリストテレスは、栄養摂取や新陳代謝の活動だけを「生きる」ことのかたちだと限定していない。むしろ、生のこうした理解の仕方から脱却することを求めているとも言える。彼は知性、感覚知覚、場所的運動、そして栄養摂取のうちの「どれか一つがそなわっているとすれば、それだけでわれわれはそれを「生きている」と語る」と主張する(『魂について』第二巻第二章 413a22–24)。感覚知覚や抽象的な思考も、生きることに余剰的に加えられる活動ではなく、生きることの一つの形式である。走ることや痛みを感じることはもちろん、碁の次の手を考えることも、どのように生きるべきか悩むことさえも、「生きる」あるいは「生きている」ことをそれぞれの仕方で表現しているのだ。

われわれは、しかし、もはやこうした魂の概念を通して世界を見ていない。われわれはそれにかわって心という概念をもち、それによって世界を切り分けている(その経緯については、間もなく顧みたいと思う)。栄養摂取は身体の活動であり、思考は心のはたらきである、というように。

栄養摂取と感覚知覚

われわれがアリストテレス的な魂の概念を理解するためには、失われた思考の方向感覚を覚醒させせなければならない。その試金石となるのは、心という仕切りによってその外と内に分けられた栄養摂取と感覚知覚を、同じ概念の傘の下に入れて同じように考えることできるかどうかである。あなたは、朝、パンを頬張りながら、携帯の天気予報を確認しているかもしれない。この二つの活動、つまり栄養を取ることと携帯を見ることを、魂の活動として同様に考えるのだ。――そう考えることが、アリストテレスのような仕方で考えることである。そのためには、心のはたらきについての一般的な見方を大きく変更しなければならない。

第一に、栄養摂取も感覚知覚も、たんなる物理的過程ではない。感覚知覚が栄養摂取と並行的であることは、感覚知覚を、身体＝物体のプロセスないし物理的に記述される出来事として理解することではない。そもそも栄養摂取という活動もまた、物体内のたんなる因果的過程ではなく、生きることの一つのかたちとしての意味や役割をもっている。たとえば、食物という対象も、そして食べるという行為も、摂取・消化し人間の成長や健康、生存を担うという連関のなかではじめて成立する。

アリストテレスの哲学を現代に蘇らせている哲学者の一人であるマイケル・トンプソンの奇妙なサメの例はこのことを物語る。多くのサメとは異なり、想像上のある特異なサメは、小魚などではなく、水中のプランクトンによって栄養を摂取するので、このサメは海水を濾過しプランクトンを取り出す身体のしくみをそなえている。他方でこのサメも、他のサメと同じように、小魚を追いかけ、口から体内に取り入れるが、その小魚はぐちゃぐちゃの混合物になって、他の捕食動物が寄ってきたときにそれを追い払うために吐き出されるのである。このサメが小魚を追いかけ飲み込む行動は、他のサメが何かを「食べる」場合の動きによく似ている。近づく、口を開ける、嚙むという動作自体は、同じと言ってよい。しかしそれは「食べる」ことではない。飲み込んだものが、消化され血中に取り入れられたり、身体の一部になったりしていないからである。これに対して、「食べる」という行為は、たんなる物理的で因果的なプロセスではない。それは、栄養摂取という、有機体全体の生き方の一部となりそれに貢献する活動という意味をもつことによって、はじめて行為として特定され理解される。感覚知覚もまた、動物や人間の生き方の一部となりそれに貢献する活動として特定され理解されるのである。

栄養摂取も感覚知覚も、このような意味で、生きるための活動であり、生きることの表現である。とすれば、その営みにとって主体の置かれた環境ないし外的な世界との適切な関係は本質的である。栄養摂取においては、そのことは明白だ。それは生物がその環境に存在する自身の生存に役立つものを、摂取し消化し血肉化するという仕方で受容する活動である。感覚知覚も、これと並行的に考えられる。すなわち感覚知覚は、動物が周囲の世界が提供する知覚情報を、認知するというかたちで受容する活動である。

〈対象〉が決定する

アリストテレスが「魂の部分」と呼ばれる栄養摂取や運動、感覚知覚などの能力の考察を、その能力のかかわる対象――これを表わす言葉「アンティケイメノン」の原義は「(何かに)対して措定されているもの」つまり「相対《あいたい》するもの」であり、能力との相関性を含んだ表現である――から始めるのも、こうした事情を反映している。魂のはたらきは、生きるために必要な外的な対象を、それぞれの対象のあり方にふさわしい仕方で適切に受容するという能力だからである。したがってアリストテレスは、魂の各能力の分析を、まずその〈対象〉であるもの(栄養摂取なら食べ物、感覚知覚なら色や音など)を規定することから始める。

その〈対象〉は、ある力(デュナミス)をもつ存在である。栄養摂取される食物は、体内に取り込まれて、生物を生存させ保持させる力をそなえている。視覚の場合であれば、視覚に固有の対象とされる色の本性は光を変化させることができることにある(『魂について』第二巻第七章418a31-b2)。それぞれの〈対象〉は、媒体を通じて、感覚する主体の感覚能力に作用し、その認知活動を引き起こす力をそなえている(それゆえ感覚の対象となるものは、「感覚されうるもの」という意味の言葉で表わされている)。これに対応して、その〈対象〉を受けとるそれぞれの魂もまた独自の力をもつ。栄養摂取能力は、飲食などを通じて、栄養物を摂取し生きるために役立てる能力であり、視覚は視覚対象が提供する光のなかの情報を対象の認知というかたちで受容できる能力である。

こうして実在する対象の能動的な力と魂の受動的な力が共同することによって、それぞれの力が発現され、ある特定の活動——アリストテレスが「エネルゲイア」と呼ぶもの——が実現する。アリストテレスによれば、こうして複数の力の共同によって諸事象が成立することが、魂の活動だけでなく、世界の最も基本的なあり方である。われわれが生きているのは、多種多様な力に溢《あふ》れ、また相互に共同することによってそれぞれの力を発現している世界である——このことは、第V章においてより詳しく語ることになるだろう。

2　魂の放棄と心の概念の成立

デカルト的瞬間＝契機

このような魂の概念は、しかし、あるときに放棄され、それにかわって心の概念が受け入れられるようになった。そのため、われわれはいま、魂の概念を使ってものごとを考えることはない。はたして反故にされた概念にあらためて注目することに意義はあるのだろうか。

このことを考えるためには、この交代の経緯と理由をたしかめるのがよいだろう。アリストテレスに由来する魂の概念は、古代と中世とを通じてさまざまなかたちで展開されたものの、その基本は継承されていった。転換点は一七世紀後半に訪れる。「デカルト的瞬間《モ》＝契機《マン》」（ミシェル・フーコー）である。

デカルトは『省察』において、すべての知の確実な基礎となりうる原点を求めた自身の思想遍歴を語っている。その考察では、多くの認識が不確実として切り捨てられる。感覚知覚は、四角のものがまるく見えたりするなど過《あやま》つことがあるので確実ではない。数学的命題さえも悪霊に欺かれている可能性を否定できない。こうしてデカルトによって文字通りすべてが疑われたが、それでも、「私は思考する」(コギト)は、考えている内容が誤りであったり欺かれたりしていても何かを思ったり考えたりしているそのことは確実であり、あらゆる懐疑をくぐり抜ける。こうしてデカルトは、確実なる〈私〉があること(「コギト・スム」)を発見する。

しかしこの確実な存在としての〈私〉とは何だろうか。デカルトはあらためてそのように問い、自分自身が過去において抱いた想念に疑いを向けて検討していくが、その主要なターゲットになったのは、栄養摂取、歩行(運動)、感覚そして思考の各能力から構成される魂の概念、つまりアリストテレスによる魂の第二の規定を源泉とした概念だった(「第二省察」AT II 26-27)。デカルトに従えば、魂に属するとされた機能のうち、「栄養摂取」や「運動」、また「感覚」などは身体を伴い、疑うことができるので〈私〉から引き離すことができる。しかし残る「思考する」は〈私〉とは不可分で疑いえない。〈私〉とは「思考するもの」(res cogitans)であり、この思考するものこそが心ないしは精神(mens)なのである。こうして、従来の魂の概念を引き裂くことから、思考するものとしての精神と延長するものとしての物体という実在的な区別が導かれる。精神と物体という二つの実体から構成される世界には、「栄養摂取し、運動し、感覚し、思考する」機能がすべて帰属するような「魂」の居場所は残されていなかった。近代の「心」「精神」の概念の原型は、アリストテレス以来の魂の概念から解放されて、ここに成立したのである。

世界の区分の変更

デカルトは、経験的世界を区分する最も基本的な境界線の位置を変更した。アリストテレスが引いた境界線が魂をもつものともたないもの、つまり生物と無生物との間に引かれているのに対して、デカルトの境界線は、心と物体(コルプス)との間にある。アリストテレスにとっては、生命をもつ身体と生命をもたない身体＝物体は、ともに「ソーマ」と同じ名前で呼ばれても、その定義は異なるという「同名異義」(ホモーニュモン)の関係にある(『魂について』第二巻第一章 412b20–21,『気象論』第四巻第一二章 389b31)。だが、デカルトにとっては、魂の概念のほうが本来区別されるべき心と物体にまたがるがゆえに二義的(aequivocum, aequivocatio)なのだ(「第二省察」AT II 161: 355–6)。

デカルトによってまとめられた心の概念には、その後にさまざまな追加や書き換えがおこなわれた。フロイトによる無意識の発見は顕著な例であろう。しかし、それらは心という概念を拡張するものであっても、それを掘り崩すものではなかった。またデカルトの心身二元論は、いまや大多数の人にとっては、そのままでは受け入れられない理論である。しかし、栄養摂取や運動といった活動と思考や欲求などの活動との間には、やはりいまも根本的な相違があると考えられている。だから、心身の二元論に否定的な哲学者たちの多くも、栄養摂取と感覚知覚や思考を一緒に考えようとはしない。栄養摂取のほうは、おそらく身体の活動として自然科学によって説明されると想定されているのだろう(植物の活動についての哲学的考察がきわめて少ないのもそのことの証左かもしれない)。これに対して、感覚知覚は心の状態や活動であり、それと身体や脳の状態との関係は現在でも哲学の重要な論題である。そのかぎりでは、われわれはいぜんとしてデカルトの末裔である。

意識を核とする心

アリストテレスにとって魂の概念の統一性は、それがさまざまな生の原理であるということだった。これに対して、デカルトにとって心に一つの概念としてのまとまりを与えるのは、一言で言えば、「意識」である。

心ないし精神とは「思考するもの(res cogitans)」である。この思考(cogitatio)とは、知識から欲求や想像そして感覚知覚にまでわたる多種多様な活動を含むものだ。そして、これらに共通の特質は、意識する(conscius, conscientia)活動だ、ということにあった。知的認識も、意志も、想像もこの意識することであり、それゆえ思考のうちに含まれる。

問題は感覚知覚である。それは外界にかかわり、身体を必要とする。しかしデカルトは、それが何かの意識であるという点に注目し、身体的局面と外的世界との関係を反故にすることによって、「思考」の仲間に迎え入れる。感覚知覚を「見たり歩いたりすることの感覚、すなわちそのようなことの意識」というように、「意識と理解するのであれば、その場合、これは精神にかかわり、しかも精神のみが、自分が見ているとか歩いていると感覚する、すなわち、そのように考えるのであるから、上述の結論はまったく確実である」(『哲学原理』第一巻第九章)。つまり「白い色を見ている」という知覚は、白いものが存在しないために偽であるという可能性があるが、「白く見えていると思われる」かぎりでは、確実である(「第二省察」)。意識している、思われているという部分だけを抜き書きすることによって、感覚知覚も「確実である」というコギト・クラブの会員証明書をもらえるのだ。

デカルトはこうして、外的世界との関係をひとたび遮断しても、というより遮断することによって、外的世界のあり方とは独立でありながら確実で真なる領域を見出した。その領域は、「われわれの内」とデカルトが呼ぶ領域であり、近代以後の哲学用語を使うなら、主観性の領域とも呼べるだろう(実は「主観的」subjective という言葉も、そのような意味をもたないアリストテレスの「基に措定されているもの」という概念が歴史のなかで変貌させられて成立したものである)。デカルトは、こうして、意識の概念の統括のもとで、身体を含む外的世界との間に仕切りを入れることに成功した。心の概念は、アチチ!という感覚からａｂｃ予想の証明までの広大な事象をその内部に収めることができるのである。

3　外的世界・知覚・夢

認識論という問題設定

以上の経緯は、アリストテレスの魂の概念とデカルトの心の概念との間には、心身の二元か一元かといった対立(それは心の概念を前提とした問題設定である)ではなく、より根本的な思考の相違があることを告げている。それは、哲学という営みのなかでも重要な部門と考えられている「認識論」という営み自体にかかわる相違と言えるだろう。

「認識論」(epistemology)は、「知識の理論」(theory of knowledge)とも呼ばれるように、知識の可能性を問う。そして古代ギリシア以来、その問いの最も基本的なかたちは「われわれはいかにして外的な世界を知りうるのか」ということだった。たとえば、この本の表紙は赤く見えるが、じっさいには赤くないということもありうる。なぜそれが赤いとわかるのか、といったたぐいの問いに対して、どのように答えるのかを考えるのである。

デカルトの場合がまさにその典型であったように、認識論と懐疑論はコインの裏表のような関係にある。悪く言えば、マッチポンプ的な関係だ。知識と呼びうるたしかな認識を確保しようとする側とそのたしかさの根拠を疑う側との間のやりとりは、古代以来繰り返され、互いにその議論を洗練させてきた。話を簡潔にするため、そうした洗練された応酬には申しわけないが、単純な論法をとりあげよう。――私は試したことがないのではっきりとは知らないが、たとえばある種の薬物などを使うと、きわめて生々しい経験ができるらしい。そこで、目の前に酒はないのに、幻覚のせいで、それがまさにそこに存在しているように見え、しかもその見え方は、通常の感覚知覚での見え方と主観的には識別することが困難であると仮定する。すると見え方に差がないとすれば、酒を見ているという感覚知覚も、じつは事実にきちんとアクセスした経験ではないかもしれないという疑念が生じる。

こうした議論では、感覚知覚と幻覚の二つの見え方ないし現われが主観的に区別できないだけでなく、その間にはいわば身分上も差がないと考えられる。つまり酒がじっさいには存在していなくても見える以上、「見えている」という事態は外界とかかわらなくても成立する。だから、見え方自体は心の内的な状態である。すると、見えているのは外的な世界に実在するものの姿だ、と言うためには、見えているという内的な状態と外的事実との間には越えなければならないギャップがあることになる。このギャップをどのように越えるのか。——懐疑論者とそれに応えるという課題を背負った人びととの闘いという認識論のリングは、こうしてつくられた。

デカルト的応答

デカルト自身は、「方法的懐疑」を駆使してこうしたリングを設営しながらも、ある意味で、このリングに上がる必要はなかったと言える。すでにみたように、彼は哲学の原点の確実性を、外界とのギャップに架け橋を架けることを放棄することによって確保したからだ。デカルトは、正式の意味での感覚知覚を「〜を見る」という外界にかかわる認識ではなく、ただそのように「意識する」ないしは「思われている」という内的な領域にとどめた。そこにとどまるかぎり、何が見えていようとその「見えている」ことは、確実であり真であることが保証される。その意味では幻覚さえ確実である。

もちろんデカルトはその領域にずっととどまっていたわけでなく、「外界の存在証明」をおこなう。その証明の妥当性をここで論じる必要はない。そうした試み自体が、大きな思考の転換を証していることを見届ければよい。それまで存在は自明とされ、むしろそれに対するアクセスの仕方が問題とされてきた外的世界は、その存在の証明を必要とするものへと変貌していたのである。

アリストテレス的応答

感覚知覚や知識についてのアリストテレスの議論の場も、以上のような認識論的な問題設定のリングのなかにはなかった。もちろん、それはデカルトとは一八〇度異なる意味においてである。

まず魂についての探究は、アリストテレス的な意味での「自然学」の一部を構成していたことを想起しよう。認識の基本的なかたちである感覚知覚も、動物が生きるためのはたらきの一つであり、「心の内なる何か」を認知したり意識したりすることではない。そして色や音などの外的な知覚性質は、見られたり聞かれたりすることができる力をもち、視覚や聴覚は、そのそれぞれを受容し、それを見たり聞いたりする力にほかならない。それぞれ関連する力が適切に共同することで知覚は成立する。

英国の哲学者ギルバート・ライルは、『形而上学』第九(Θ)巻第六章においてアリストテレスが「人は見ていると同時に見てしまっている」と論じていることを手がかりに、「なにかがしかじかであると見る」ことは一つの達成だと主張し、「見る」は達成語だと主張した。「見る」という感覚知覚は、外的な世界のあり方の認知を達成しているのであり、いわば成功体験なのだ。米国の哲学者ウィルフリッド・セラーズはこれを重要な指摘として受けとめ、「しかじかと見る」ことと「しかじかと見えている」こととの認識論的な差異を認めている。つまり感覚知覚において、知覚される外的な対象や性質は、知覚という認知の達成に含まれる不可欠の要素であり、むしろその内容を構成している。

したがって、感覚されうるものと感覚能力とのこの共同関係においては、内なる世界から外なる事実へとアクセスするために架け橋を築く必要はない。知覚活動は外的事象そのものが現われることであり、そこには懐疑論がつけ入ることができるギャップがないのである。

したがって、アリストテレスによれば、視覚にとっての色、聴覚にとっての音など、五感のそれぞれに固有の対象の知覚は、感覚知覚器官が正常であれば、基本的にただしい。そのかぎりで、われわれは、外的な世界のあり方を過たず知覚しているのである。たしかに誤った知覚は起こる。それは、目の前のジンを水として見てしまう(そしてそのつもりで飲んでしまう)といった場合だが、これは水という分類的な概念の適用の誤りである。しかしこの場合も、たとえばその液体が「無色透明」だという視覚的認知自身はただしい。

人間も動物も(睡眠時以外は)不断に、かつ無数の感覚知覚をおこなっている。いま、私は、パソコンの画面上の多くの色の相違だけでなくその周囲や背景のさまざまな事物の色を識別し、エアコンや比較的静かな外の音を聞き分け、本や書類のわずかな匂いを嗅ぎ、足には靴を通して立っている床を、指にはキーボードを、そして部屋の暖かさを感じている。ものの形や大きさ、あるいは動きなどの知覚も数え入れるなら、このいまの瞬間にかぎっても、知覚しているものの数は膨大である。明確に意識していなくても、たとえば次の瞬間に外で大きな声が聞こえるとすれば、それ以前には静かな環境音を感じてきたことに気づくであろう。これら数多くの知覚のほとんどが真である。人間も、動物も、このようにその環境をただしく知覚しているのでなければ、生存していくことは困難だろう。

夢と幻覚

他方で、懐疑論者が知覚と並べて比較するために引き合いに出す夢や幻覚といった経験には、まったく異なる説明が与えられる。夢や幻覚――アリストテレスは薬物によって起こされる幻覚症状について直接論じてはいないが——は、アリストテレスによれば、ファンタシアーによる経験である。「ファンタシアー」は、ファンタジーの語源であり、幻想(fancy)やラテン語経由の想像(力)(imagination)もこの言葉を源泉とした概念である。アリストテレスの場合は、感覚知覚活動によって引き起こされ、感覚知覚に含まれるものの現われや見え方を保存し、それを感覚知覚とは別の場面で活用するはたらきである。因果的にも認知内容のうえでも、感覚知覚することに依存したはたらきなのだ。

たとえば、目の前に現にあるウィスキーの琥珀色を見るという感覚知覚の活動から、ファンタシアーのはたらきによって、それが「琥珀色に見える」「琥珀色に現われている」という見え方や現われが、いわば抜き書きされて魂の内に保存される。先ほど触れた、「見える」と「見る」との対比を使うなら、アリストテレスにおいては外的対象の認知としての「見る」が先行し、「見える」は「見る」に依存して成立するのであり、同じ身分にはない。その保存された内容が記憶され、想起されたり夢のなかに現われたりするのだ。したがって外界の感覚対象や事実は、感覚知覚の場合にはまさにその感覚される内容を構成するが、ファンタシアーによる見え方や現われに対してはそのような関係にない。そのおかげで、夢や幻覚では、外界や事実と直接の関係をもたなくても、何らかの現われが生起し、「ありもしないこと」が見えたり現われたりするのである。

アリストテレスにとって、感覚知覚において見ている内容と夢などに現われている内容とは、たとえ似ていたとしてもまったく身分が異なる。一方の感覚知覚では、まさに目の前のウィスキーの色が現われているのであり、他方で夢の場合は、そう現われているだけで外的対象がその現われを構成してはいない。それゆえ、もしも懐疑論者たちのように、感覚知覚での現われと幻覚や夢での現われが同等の身分にあると考えるとすれば、アリストテレスにとってそれは倒錯した試みである。それは、私の写真をとったうえで、私自身とそれと等身大の写真を横に並べて、互いに似ていることの指摘から始めて、どちらか一方だけが本物の姿だという根拠はないのだ、と主張するのに似ている。

アリストテレスのこの考え方は、現代では知覚についての選言説(disjunctivism)と呼ばれるものと基本的に一致するだろう。選言説は、知覚的に現われているのは、事実にアクセスしているものである(真正の知覚の場合)か、あるいは、そう見えているだけのたんなる現われにすぎない(幻覚など)か、のいずれかであり、両者はあれかこれかという関係にあると主張する。その間には、共通のファクターや中立的な報告などは存在しないのだ。

知的信頼の根拠

こうして、われわれは、懐疑論に苛《さいな》まれることなく、感覚知覚を通じて外的世界のさまざまな事象にアクセスし、それを認知できるのだ。このような性格をもつ感覚知覚が、何かであると思ったり判断したりすること、そしてそれを知り理解することの基礎となる経験である。

さらにアリストテレスは、このような感覚知覚の理解を基礎に、共通の感覚や自己知覚、あるいは記憶と想起、想像、感情、思考などの、他のさまざまな心のはたらき――アリストテレスにとっては魂のはたらきであるが――を理解している。つまり、そうした「心のはたらき」もすべて、基本的には、外的世界とかかわり、そのあり方を受容することを基礎として成立する。

「内向き」の、内的なものの知覚と考えられる自己知覚さえ、そうである。アリストテレスは、何かを見ることは、(自分が)見ていることを感覚することを含んでいると主張する。自己もまた、感覚知覚という外界とのかかわりのなかに見てとられる。見知らぬ街のなかで目印となるものとの位置関係から自分がいまどこにいるかを知ることができるように、感覚知覚のなかに、知覚者自身が世界のなかに存在し、また世界とどのようにかかわっているのかを示す情報が含まれているからである。

いうまでもなく、アリストテレスにとって、知識は、そのまま感覚知覚と同一だというわけではない。彼の求める知識とは、すでにみたように、「なぜ」という問いに答えうるものであり、多くの場合には、その知は探究を通じてはじめて得られる。本の表紙が赤いと感覚知覚して知ることと力学の第二法則を知ることとでは、その知り方、知に至るための過程などがまるで違うだろう。しかし、自然学的知識などの外的世界にかかわる知識は、感覚知覚にもとづいている以上、それを通じて知識も世界とかかわっていることは動かない。それゆえ「なぜ」という原因根拠もまた、外的世界の観察と経験的習熟を経て、世界のうちに発見されるものである。力学の第二法則も、知られるという力をそなえた事象であり、魂の思考能力は、それが十分に発達しているならば、それを知るという力をそなえている。その二つの力が共同することで「知られる」そして「知る」という活動が成立する。

魂の認知能力のこうした豊かさは、われわれが感覚知覚を通じて受容し探究を通じて解明する外的世界の豊かさでもある。では、あらためてその世界のあり方についてのアリストテレスの見解をみることにしよう。

V

なぜ形而上学という知が必要なのか

――「ある」ことの探究

アリストテレスの『形而上学』は寄せ集めで、ごった煮だ。

――ジョナサン・バーンズ

問い

アリストテレスの主著は『形而上学』であり、そこでは「存在としての存在」が問題となっているという。しかしそもそも「形而上学」って何を探究するのか。また、「存在」が問題となるとすれば、問われるのは「何が存在するのか」とか、あるいはそれぞれのものについて「〜は存在するのか」ということではないのか。たとえば、自然科学であれば「重力子は存在するのか」とか、哲学だったら「価値は存在するのか」「意識は存在するのか」といった問題は重要な意味をもつだろう。しかし「存在としての存在」というようなことをなぜ問題とするのか。

しかもアリストテレスは、さまざまな存在のうちで実体が最も基本的な存在で、性質や量などはその実体に依存していると主張しているという。この考え方によれば、物《もの》や事物が正式の存在であり、色や味などは二次的なものでしかないだろう。すると、実在する世界とは、つきつめれば、原子論に劣らず脱色された味気ないものになるのではないか。

1 形而上学と『形而上学』

「形而上学」は、哲学の一つの重要な領域ないし分野と考えられている。この学の名前はアリストテレスの著書のタイトルに由来する。つまり「形而上学」という知の起源は、アリストテレスの書『形而上学』にある。この書物は、そのように、その後の哲学の行方に決定的な影響を与えた。

だが、哲学の歴史のなかで、アリストテレスの『形而上学』ほど多くの問題を抱えた本は他にはないかもしれない。議論が難解というだけでなく、その成り立ち、構成、主題、考察の方法のどれをとっても、むずかしい問題を孕《はら》んでいる。

そこでわれわれも、アリストテレスに倣って、まず「われわれにとって知られること」(残念ながらそれはあまり多くないが)を確認することから始めよう。

『形而上学』の構成

いまわれわれが手に取っている書は、全一四巻からなるが、その全体が一貫した計画のもとで書かれたわけではない。古代の比較的早い時期の著書目録では、この書は全一〇巻だったという報告がある。たしかに独立に書かれたものが後から加えられたことが明白な巻がある。たとえばこの書は、ギリシア文字の順序に従って巻数を表示することが通例となっている。第一巻はA巻、第二巻はB巻、第三巻はΓ巻…、となるはずだが、A巻の後に来る第二巻はα巻と小文字で表記されている。これはギリシア文字の順序による巻数表示が定着した後に挿入されたためにやむなく小文字αで表示されたと考えられるので、このα（第二）巻は追加されたものと想定される。さらに、「哲学の基礎用語辞典」のような第五（Δ）巻が独立に書かれたことはたしかだろう。第一一（K）巻は、そもそもアリストテレスの手によるのではないことが強く疑われる。

また、この書を一〇巻ないし一四巻にまとめたのは前一世紀に活躍したロドス島出身のアンドロニコスだということが、多くの辞書や事典に書かれているが、そのことを裏づける証拠はない（アンドロニコスが果たした仕事については第Ⅵ章を参照）。むしろそれより以前に現在のようなかたちにまとめられたことを示唆する有力な証拠がいくつかある。

書名の意味と由来

タイトルの「形而上学」という日本語は、英語の「メタフィジクス」metaphysics の訳語として導入されたもので、この英語はラテン語の metaphysica を経て、ギリシア語の「タ・メタ・タ・ピュシカ」にまで遡る。「タ・メタ・タ・ピュシカ」は、直訳すれば「自然学的な事柄の後のもの」つまり「自然学的考察（ないし著作）の後に来る考察（ないし著作）」を意味する。「形而上学」と呼ばれるある学問ないし研究の源泉となったのは、このような奇妙な意味の書名だった。ただし、そう名づけたのはアリストテレスではなく、後世の誰かである。

この名称の意味と由来については、ルネサンスから二〇世紀の半ばまで、次のような説明が受け入れられてきた。それによると、「自然学的著作の後」というのは、アリストテレスの著作を目録として並べるうえでその書が置かれた位置を示すが、そのような位置が与えられたのは、内容に即してというより、消極的で外在的な理由にもとづく。つまりその書をアリストテレスの思考の体系のなかでどう位置づけたらよいかわからないという「哲学的困惑」（ハイデガー）からそこに位置づけたのだ。困惑を生む最大の理由は、この書の主題が明らかでないことにある。一方では、（従来の解釈によれば）「存在としての存在」あるいは「存在の原因根拠」

と特徴づけられる問題が考察されている。いわゆる存在論（オントロジー）である。他方では、神や不動の動者と呼ばれる、感覚されえない超越的なものが主題であることが強く仄めかされている。こちらは神学と呼べるだろう。「形而上学」という言葉を辞書で引くと、「すべての存在の原理を探究する学」と「感覚知覚では捉えられないもの（これが「形而上」という漢語の意味）を対象とする学」といった二つの意味が載っているが、それは『形而上学』という書のこのような両義的性格に対応している。しかしその二つの主題の間の統一性や関係を確定することは容易ではない。アリストテレスがその関係を説明する言葉は、あまりに簡単だからである。次の箇所の、とりわけ傍線部が困惑を生んできた。

> もし自然によって構成されたさまざまなものとは別個に他のウーシアーが存在しないとすれば、自然学が第一の学的知識となるだろう。しかし、もしある不動のウーシアーが存在するならば、その学的知識がより先なるものであり、第一の哲学であり、そしてそのような仕方で、すなわち第一のものであるがゆえに、普遍的であるだろう。そしてあるというかぎりでのあるものについて、その「何であるか」と、それがあるというかぎりでそれに成立する属性とをともに考究することはこの学的知識の仕事であろう。（『形而上学』第六

（E）巻第一章 1026a27-32）

ところが、と書名をめぐる物語は続く。この消極的な理由から「自然学の後」に位置づけられた書は、いまの箇所の「不動のウーシアー」という言葉が示唆するように、自然的存在を超えるものについての考察を——しかもその重要な部分として——含んでいた。そのため、書名のギリシア語「メタ」は本来は「～のあと」の意味であったにもかかわらず、「～を超える」の意味（現在ではこちらの意味が主流だが）に解釈し直された。こうして、「自然学的考察の後に来る考察」という半ば苦し紛れに付けられた「タ・メタ・タ・ピュシカ」という名は、幸運にもその内容とも一致する「自然的な事象を超えるものについての考察」という意味を獲得するに至ったのである。

「自然学の後」の意味

興味深い物語である。本来は別の意味で命名したのに、じつは「名が体を表わしていた」、そしてその「体」にあわせた意味で名も受けとられるようになったというのだから。ちょっとできすぎた話だ、と思われても仕方がないかもしれない。事実、すでに哲学者カントがそうした疑問をつぶやいたりしてもいた。

この物語は、しかし、近年では受け入れられていない。タイトルの由来についての証言を歴史的にたどり直すなら、次のような経緯を確認できるからである。

この書名の意味についての最も古い証言者は、古代世界における最大のアリストテレスの註解者アプロディシアス出身のアレクサンドロスである。その『アリストテレス「形而上学」註解』は、「われわれとの関係において自然学の後に続く」という順序にもとづいて「自然学の後のもの」と命名されたと伝えている。アリストテレスを学ぶものなら、そして本書を始めから読んでいただいているありがたい読者ならば、「われわれとの関係において」という限定が、「われわれにとって知られることから事柄の本性に即して知られることへ」という探究や学習の行程への言及であると想い至るだろう。つまり「タ・メタ・タ・ピュシカ」というタイトルは、この著作の探究ないし学習における順序を示しており、「われわれが自然学の後に探究ないし学習すべき事柄」を論じているという解釈にもとづいて付けられたということを意味する。この書名をめぐる古代から中世にかけての他の証言も、ほぼ同様の情報を伝えており、逆に先の興味深い命名の物語の歴史的な根拠は薄弱である。

むしろその物語は、ルネサンス以後の解釈の産物と推定される。なかでも重要な転機は、一六世紀イタリアの古典学者で反アリストテレス主義者のフランチェスコ・パトリツィの議論である。彼はこの書の主題の問題に対して敏感であり、もともと二つないしは三つの異なる主題の書が『形而上学』という一つの書にまとめられてしまったことがこの書の混乱を生んでいると論じ、その哲学的混乱を批判した。こうした議論から先の物語がつくられるようになり、やがてドイツの古代哲学研究者たちに流布したのである。こうした経緯が明らかとなることによって、「哲学的困惑」にもとづくといった書名の由来の解説は受け入れられなくなった。

このあたりまでは、『形而上学』について「われわれにとって知られること」として認められてよい事柄である。

2 「ある」の探究としての形而上学

しかしまだ、いぜんとしてこの書は深い霧に包まれている。たとえば、その書名は、探究や学習の順序という観点から付けられたのだとしても、命名者はなぜ「自然学の後に探究ないし学習すべき事柄」といった、内容に踏み込まないタイトルを付けたのか。それは、ほんとうにアリストテレスの意図に沿ったものであるのか。この書の主題は神学なのか存在論なのかという、読者を困惑させ多くの論者が議論し続けてきた問題も、まだ残ったままだ。

この書が語ろうとしていることを理解するためには、この書の議論を順にたどっていくのが最良の方法である。というのも、アリストテレスにとって「探究の行程」を意味する「メトドス」という語がその探究される知そのものをも意味することに触れたが、この行程と知の一体性を『形而上学』ほど如実に物語る本はないからだ。一つの問題をめぐって、いくつもの考察を重ね、議論を反復しているように見えつつ、徐々に思考を進めている。そしてその行程をたどるようにして読み進めることで、『形而上学』の行程＝知の全体的構想もおぼろげながら見えてくる。それゆえ、本書でも、その議論の行程に沿うかたちで案内を試みたい。

すべてのものの第一の原因根拠

『形而上学』は、本書で最初にその意味について説明した「すべての人間は、自然本性によって知ることを求める」という命題から始まる。続く議論のなかでは、人間が希求する知の対象はものごとの原因根拠であること、そしてこの書で探究するのは、すべてのものにかかわる最も普遍的で、そしてそれ以上遡れない第一の原因根拠であることが告げられる。

原因については、アリストテレスにはすでに自身の考えがあった。素材、形相、始動、目的の四種類の原因があること、自然的な事象についてはその四つの原因をすべて追究すべきであるということである（本書第Ⅲ章）。ただし、その探究が見事な成果を挙げたのは、問題となるそれぞれの事象にふさわしい探究方法にもとづいて、それらの原因を解明しているからである。にもかかわらず、それとは別に、普遍的でかつ第一の原因根拠を求めるのは、なぜか。――アリストテレスにとって、自然学的考察だけでは、世界のあり方を十分に解明したとは言えないからである。

四つの原因とは、もともと生成や変化する自然的事象を説明するうえで探究が必要とされた原因だった。われわれの経験する世界は、たしかに、時々刻々と変化し、生成したり消滅したりしている。運動変化は世界の基本的な姿である。

「ある」の普遍性

しかしそれとは別の、おそらくそれ以上に基本的とも言える、世界のあり方がある。それは「ある」ということだ。ギリシア語では動詞「エイナイ」、英語ではbe動詞、そして日本語では「ある」という言葉で表わされる事態である。日常生活でも、それぞれの専門研究においても、この「ある」という事態そのものに注意が向けられることは少ないだろう。人びとが注目しまた探究を試みるのは、素粒子からアマゾンカワイルカまで何らかの特定の事象である。

本書では、パルメニデスがその極端な一義性を主張し、生成消滅の説明を困難に陥れたことにすでに言及した。しかし、パルメニデスが「ある」という事態のある根源的な意味に目を向けたことは、正当である。この「ある」ということがなければ、そうした特定の事象を語ることも認識することもできない。「何かである」と特定されてはじめて、そうすることが可能になるからである。変化や生成でさえ、すでにこの「ある」という事態を含んでいる。それは「Xであらぬ」つまり「Xであるのではない」という否定的事態と「Xである」という肯定的な事態を結ぶ事象だからである。世界が何らかの差異を含むかぎり、否定的な事態を含めて、「ある」ということが世界のいかなる事象についても成立している。

では、あらゆる事象に認められる、普遍的で原初的な「ある」とは何であろうか。――この問いは、古代ギリシア哲学の中心的な問いである。パルメニデスの問題提起以来、多くの哲学者たちが「ある」を論じてきた。真正の意味で「ある」のは、四元である（エンペドクレス）、原子だ（デモクリトス）、いやイデアだ（プラトン）、…。アリストテレスもこの伝統を受け継いでいるが、彼の功績はそこに新たな答えを一つ加えたということではない。それまで十分反省されることのなかったこの問いの導く知の性格と領域を、はっきりと示したうえで、それに答えようとしたことにある。

アリストテレス自身がさまざまな研究分野を開拓してきた。しかしこの「ある」をめぐる探究がかかわるのは、そうした探究と並ぶもう一つの領域ではない。アリストテレスはそのことを、次のように語っている。

> 探究されるのは諸々のあるものの始原と原因であるが、しかるに、それはあるというかぎりでのあるものの始原と原因であることは明らかである。その理由は次のことにある。
>
> 健康や壮健さにはある特定の原因があり、また数学的対象にもその始原や基本要素や原因があり、そして一般的に言って思考を遂行する知識ないしは思考に何らかのかたちで与《あずか》る知識はすべて原因や始原――それがより精確なものであれ、あるいはより概略的なものであれ――を扱うのである。しかし、いま挙げた知識はすべて、(1)ある特定の一つのもの、すなわちある特定の〈類〉に範囲を区切って、それについての研究にたずさわるが、無条件的なあるについて研究するのでも、あるというかぎりでのあるについて研究するのでもなく、また、(2)「何であるか」を説明することもなく、むしろ、(3)それを出発点として、ある種の知識は感覚によってそれを明らかにし、またある種の知識は「何であるか」を基礎

措定として受け入れて、そのうえで、そうした知識が扱う〈類〉に――それがより必然的な仕方であれあるいはより緩やかな仕方であれ――それ自体として成立する属性を論証するのである。（『形而上学』第六（E）巻第一章 1025b3–13）

対象となるものが健康であれば医術が、数学的対象であれば数学が扱う。しかしアリストテレスが追究するのは、健康にも数にも成立するが、そうした特定の対象や領域に限定されない「ある」ということの原因根拠である。それゆえ、アリストテレスはこの試みを「あるものをあるというかぎりにおいて探究する」ないし「あるというかぎりでのあるの探究」と特徴づける。

アリストテレスは、求める知の対象に最大の投網を打つことから探究を始めている。ただし、「ある」の原因となるものが存在することは、はじめから自明視されているわけではない。それは冒険的な企図である。したがって、もしかりに、すべてのあるものが運動変化するのであれば、運動変化するものを扱うのは自然学であるので、すべてのものの原因を求める知は「自然学」に縮約される可能性を彼は認めている。しかし、もしいっさいの運動変化を免れるようなあるものが成立するとすれば、「ある」は生成変化することに還元されないことになる。とすれば、自然学とは別の知の可能性が追究されなければならないだろう。

「ある」の意味

ここで、あえてこれまでは触れずにすませてきたが、読者は気になっているであろう問題に触れなければならない。「ある」という訳語をあててきたギリシア語の動詞「エイナイ」は、一般的には、日本語の「ある」、英語のbeと同様に、「〜がある」と「〜である」の両方の意味で使用され、このうち「〜がある」は「存在」を意味する。『形而上学』の議論は、この「存在」の概念に依拠して、「存在としての存在の探究」などと解説されることも多い。そのため、アリストテレスには「存在論の祖」という称号も与えられてきた。だが、ここまでの『形而上学』の紹介では、「ある」という表現だけを使用し、「存在」という言葉を使っていない。これには理由がある。

アリストテレスも「〜がある」と「〜である」の二つの用法の区別を認識していた。すでにみたように、探究の一般的枠組は、「Xがあるかどうか」を把握する「ことの知」から「なぜXか」を理解する「なぜの知」へと向かうが、前者の知はXの存在を知ることである。言い換えると、その主題となるものが存在するかどうかは、それぞれの学的知識において決定される。

たとえば月蝕があるかどうかは感覚知覚を通じた観察によるのであり、哲学的思弁にふける者があれこれ言う問題ではない。

『形而上学』での「ある」の原因根拠の探究においては、「〜がある」と「〜である」という対比が表立って論じられることはない。アリストテレスは「ある」の多様な用法に敏感であったのにそうなのだ。そもそも「あるというかぎりでのあるもの」の考察は、「ある(もの)」は多くの仕方で語られる」という認定と、その語られ方の分類から始まる。にもかかわらず、その「ある」の語られ方の分類のうちには、「〜である」と「〜がある」という区別は登場しない。アリストテレスが注意する「ある」の種類は、次の四つである(『形而上学』第六(E)巻第二章)。

(1) 付帯的な仕方の「ある」
(2) 真としての「ある」
(3) 述定される項としての「ある」
(4) デュナミスとエネルゲイアに即した「ある」

このなかで、(1)は知の対象とはなりえないという理由で探究の行程から除外される。たとえば建築の知識にとって建築する家のあり方はその知の対象だが、その家に付帯する無数の事柄、たとえば建てた家が（注文主以外の）ある人には心地よくないといったことは、建築家のあずかり知らぬところであり、建築の知識の対象ではない。⑵は、言明や判断が真であるという意味での「ある」なので、この書での直接の考察対象とはならない。

『形而上学』において考察されているのは、⑶述定される項としての「ある」と、⑷デュナミス／エネルゲイアに即した「ある」である。これらの「ある」は、これから確認するように「存在する」というより、「〜である」という意味を基本としている。

カテゴリーの理論

まず、⑶の「述定される項」としての「ある」については、この書の議論では、すでに一定の了解が前提されている。いわゆる「カテゴリーの理論」がそれである。したがって「カテゴリーの理論」について、おおよそのところは紹介しなければならない。⑶の「述定される項」と訳されたギリシア語は「カテーゴリアー」であり、「カテゴリー」の語源である。「カテゴリー」という言葉は、「範疇《はんちゅう》」と訳されたり、カタカナ語としてそのまま使用されたりしながら、現在では一般的に、ものごとを分類するときの領域や部門を意味しているが、この用法も、アリストテレスによって一つの術語として使用されたことに由来する。
「カテーゴリアー」もその動詞形「カテーゴレイン」も、「誰かに対して何かを」告発する、非難する、責めを負わせることを意味した。アリストテレスは、そこからネガティブな含意を取り除いて、(i)主語Sに対して述語Pを関係づけること、つまり述定すること、(ii)そのように述定される項P、(iii)述定される項の分類などを表わすために使用している。その後の歴史では、この(iii)から述定にかかわる意味が薄められ、分類される領域や部門そのものを意味することになる。カントに至ると、感覚経験を分類して包摂する思考形式というような、大がかりな哲学用語になる。

しかしアリストテレスにとってカテゴリーとは、世界の事象の包括的区分や人間の思考形式の分類を提示することをはじめから意図したものではない。考察の出発点は、ここでも日常的なものの見方と語り方である。すなわち、カテゴリーは、われわれが自然に受け入れているものごとの把握を前提にして、ふだん発している問いを形式に従って整理したものである。ただし、カテゴリーの区別は、たんなる「述語」の意味や用法の分類にとどまらない。その区別は、第Ⅳ章でみたように、われわれの認知が世界のあり方を受容し反映することにもとづいて、実在のレベルでの相違や区分と相即すると想定されている。したがって「述定される項」としてのカテゴリーは、文法的意味での「述語」にかぎられず、その述語が表示する対象や事態をも表わしている。

　述定される項を分類する必要があるのは、対話や問答をおこなううえで、同じものが問いの対象となっても、問い手の着目する局面は異なることがあるからだ。異なる種類の問いには異なる答えが要求されるが、その異同は、問いの形式によって明らかになる。

問いの形式としてのカテゴリー

　アリストテレスがカテゴリーの区別を最大限数え上げるのは、そうした擬似問答の場面である(『トポス論』第一巻第九章)。たとえば、ある一人の人間——ソクラテスでもカントでもよいが、あくまで任意の人間なのでSとしよう——の存在が前提され、それに対して問いが投げかけられる。たとえば、

　Sは「何であるか」——人間であり、それはカテゴリーとしてのウーシアーを表示する。

　Sは「どのようであるか」——白くあり、それはカテゴリーとしての「どのようか」(性質)を表示する。

Sは「どれだけであるか」――一・七メートルであり、それはカテゴリーとしての「どれだけか」(量)を表示する。

この例において、Sにそれぞれ述定される「人間」「白い」「一・七メートル」は、それぞれ「ある」ものだ。この「ある」は、「Sが〜である」という意味を基本としている。

このように問いの形式に従って、次の表に示したようにあるものの種類を分類できる(『カテゴリー論』第四章の例を少し変えている)。

こうして多くの、そして主要なカテゴリーは、疑問詞によって表現される。これはその後の西欧のさまざまな言語にも受け継がれており、たとえば、quality(性質)の語は、ラテン語で「どのような」を表わす疑問詞qualisから派生した。つまり、それぞれのカテゴリーに属するのは、その疑問詞による問いに対する答えとなるものである。

これから問題とする次頁の表のうちの最初のカテゴリーである「ウーシアー」(「実体」と訳されてきた語)の場合も例外ではない。ウーシアーは「ある」を意味するギリシア語の動詞の女性分詞(ウーサ)を名詞化したものである。事実アリストテレスの著作では、このカテゴリーを指す表現として、「何であるか」という疑問詞句が、「ウーシアー」という言葉とほぼ同じく

ギリシア語	意味	既訳	例
ウーシアー	(実体？)	実体	
ティ・エスティ	何であるか		人間，馬
トデ・ティ	ある・これ		
ポイオン	どのような	性質	白い，教養ある
ポソン	どれだけ	量	1.7 m，60 kg
プロス・ティ	何に対して	関係	2分の1，より大きい
プウ	どこか	所《ところ》	市場にて
ポテ	いつか	時	昨日
ケイスタイ	措かれている	態勢	横たわっている
エケイン	持っている	所持	靴を履いている
ポイエイン	作用する	能動	切る，焼く
パスケイン	作用を受ける	受動	切られる，焼かれる

らい多く使用されている。

「ウーシアー」は「実体」か？

しかし、いま示したカテゴリーの一つを表わす用法にかぎっても、「ウーシアー」はとても厄介な言葉だ。しかもこれが、後にみるように『形而上学』のなかで考察の最大の焦点なのだが、その考察に先立って了解されているはずのウーシアーとは何かすら、議論の的である。

一方では、それが性質や量と対比され、また馬や人間などが事例であることから、それは物《もの》つまり事物や物体のことだと言いたくなるかもしれない。この種の解釈には、「実体」はまさにふさわしい訳語である。

この日本語は、明治時代に substance の訳語として、「物《もの》」「物体」を表わすために、あらためて導入された言葉だからである。

コラム3 「実体」という訳語

明治時代の大学者西周《にしあまね》は、西欧の学術用語を日本語に置き換えるために多くの仕事を残したが、この「実体」もその一つである。彼は、述語が表わす属性 attributes が付帯するものとしての substance を訳すために、「正《マサ》シキ体」「正《マサ》シキ物」あるいは「正《マサ》シキ形《ナリ》アル物」を意味する言葉として「実-体」を選んだ。そしてアリストテレスのウーシアーは、西欧の伝統において substance や Substanz などと訳されてきたために、「実体」はアリストテレスのウーシアーの訳語という役割まで担うことになった。

じつは substance やそのもともとのラテン語 substantia 自体が、ウーシアーの意味を写し取る訳語ではない。このラテン語の原義は「下に立つもの」つまり「基に存立するもの」であり、ある複雑な歴史的経緯を経て、いわばウーシアーの占めていた椅子に座らされた言葉である。アリストテレスの研究者たちは、この substantia 系統の訳語がもっている誤った含意をよく認識している。それでもこの言葉を訳語に使い続けているのは、哲学の歴史においてこの substantia という訳語による継承の伝統があまりに大きな意味をもち、それを尊重せざるをえないと考えるからだ。あるいは、アリストテレスのために、その系統の訳語をあえて返納するような蛮勇をもちあわせていないからだ。日本語の「実体」という訳は、そうした経緯をもちろん考慮せずに substance の訳語として導入された。したがって物《もの》や物体を意味する「実体」からアリストテレスの「ウーシアー」へと至るためには、二つの架け橋を渡らなければならない。そのためより大きな差異が生じている。

「何であるか」としてのウーシアー

しかし「実体」という訳語はいったん忘れて、カテゴリーの区別が生成してくる、先の日常的な問答の場面に立ち戻って考えてみよう。他の基本的なカテゴリーの場合、それは疑問詞（たとえば「どのような」）で表わされ、その問いに対する答え（たとえば「白い」）において表明されるものがそのカテゴリーに分類される。ウーシアーについても、それが「何であるか」という問いの言葉によっても表わされることが示すように、その第一の意味は、「何であるか」という問いに対する答えとなるものである。そして馬や牛その他の自然的物体がまずウーシアーの例として挙げられるのは、それが「何であるか」という問いへの応答になるからだ。

もちろんこの「何であるか」という問いは汎用性があり、問われるものに応じて、その答え方は変わる。たとえば、問われる人の「白さ」をとくに話題としてとりあげて、それが「何であるか」と問えば、それは「どのようか」を示すもの、つまり性質であると答える。「何であるか」は複数のカテゴリーを横断しても使える問いである(『トポス論』第一巻第九章を参照)。

しかし、カテゴリーの理論においては、「何であるか」は「ウーシアー」とともに同じ一つのカテゴリーのための表現として使われる。このことが問題を引き起こさないのは、カテゴリー的問いに先立つ、いわば暗黙の日常的な世界の把握があるからだ。日常の状況において「何だこれ?」と問う場合を想定してほしい。それはたとえばキッチンで目の前を動く小さな黒いものを見た場合かもしれない。その問いを口にするときは、それに近寄ってよく見たうえで、クモとか、運が悪い場合にはゴキブリだ、というように、それが「何であるか」を特定するだろう。しかしわれわれは、その問いを発しそれに答える前に、その対象を、黒く動くものとして、あるいは何らかの虫として把握しているのである。

こうして、とくに「白」や「一・七メートル」を主題的に抜き出して問うのでなく、日常的に問いに先立って何かを把握している場合、われわれは「何であるか」という問いに、馬、ゴキブリ、あるいは本、パソコン、などのタイプの言葉で応答する。このような、数えられるものを表わす可算名詞を用いて表わされる種類の概念は「ソータル」と呼ばれる。

したがって、「ウーシアー」の意味は、事物ではなく、「何であるか」という問いに対して答えとなるものである。またこの言葉が指示する言語外的な存在も、たんなる事物ではない。それはわれわれが「何であるか」、つまりソータルによって把握するものである。

それゆえまた、ウーシアーは日常的に出会うそれぞれのものそれ自身でもない。それらは、むしろ「何であるか」という問いに先立って把握された前提的な対象であるとともに「どのようか」や「どれだけか」という問いの対象でもある。つまり、ソータルによって規定されるとともに、「白い」などの性質を帯び、「一・七メートル」といった一定の量をもち、他のものと関係し…、と他のカテゴリーの属性を担っている。その担い手が、ソクラテスであったり、ハチ公であったりする具体的な人や動物である。それは色や大きさなどの属性を帯びているので、「分厚い個体」ということもできるだろう。これに対してウーシアーは、それを「何であるか」というソータルの局面において特定したものである。

ウーシアーの基礎性

以上のように、それぞれのカテゴリーは、ある問いの形式に応じて、一つの具体的なものののあり方を異なる局面において分類する。そして、各カテゴリーに属する項の間には、対等でない依存の関係がある。それは相互の述定の関係によって表わされる。先の例で言えば、「白い」という性質は、「人間」に対して「白い」と述定される。他方で、「白い」に対して「人間である」という述定は成立しない。

この不均衡な関係は、たんなる文法的関係ではなく、それぞれの「ある」の依存関係を表わしている。性質や量の場合の「ある」は、それだけで独立して世界のなかに浮遊していない。「白い」は、ある人間の白さであり、「ある人間は白くある」というように、ウーシアーのカテゴリーによって特定されるものに依存して成立する。他方でウーシアーは、他のカテゴリーに属するものがそれに依存するが、それ自身は他に依存しない。その意味で、より基礎的な存在である。もしそうした依存とは無関係なかたちで、「白い」「大きい」などがそれ自体としてあると主張するなら、「白それ自体」「大きさそれ自体」というものが存在するというイデア論の主張となるだろう。

ウーシアーの中核性

さらにウーシアーは、他のカテゴリーに対してだけでなく、より広い範囲の「ある」ものに対しても、ある特権的な位置にある（『形而上学』第四（Γ）巻第二章）。

アリストテレスのたとえに準ずるなら、さまざまな「ある」とウーシアーの関係は、「健康食品」「健康診断」「健康リスク」などのさまざまな「健康（的）」と健康という身体の状態との関係になぞらえることができる。一方で、いま挙げた例の「健康」ないし「健康的」には、同じ意味ないし同一の定義を求めることはできない。健康食品の「健康」は「健康をつくりだす」の意味だが、「健康診断」の「健康」は「健康かどうか」を、「健康リスク」のそれは「健康を害する」を意味するだろう。しかしそのどれもが身体の良好な状態としての「健康」との関係にもとづいて、「健康」と語られている。

同様に、さまざまなカテゴリーに属するものの「ある」だけでなく、それ以外の「ある」とされるもの、さらには「ある」の否定や「ある」ことを獲得したり失ったりする生成消滅までも、それぞれの仕方でウーシアーを参照するかぎりで、「ある」と語られるのである。こうして、ウーシアーは、さまざまな「ある」に対して、ある原理的で中核的な位置を占めていることが認められる。

3　ウーシアーの探究

「あるというかぎりでのある」の原因根拠の探究は、ここで次のステップへと移る。すなわち他のカテゴリーの「ある」がそれに依存し、またそれ以外の「ある」に対してもウーシアーが中核的役割を果たすことを踏まえたうえで、アリストテレスは次のように宣言する。

そしてたしかに、昔もいまも、つねに探究され、またつねに困難に行き当たってきた問い、すなわち、「ある」とは何であるかという問いは、「ウーシアーとは何であるか」という問いにほかならない。…それゆえわれわれもまた、そのような仕方であるものについて、それが何であるかを、何よりも優先して、第一に、そしてあえて言えばそれだけに専念して考究しなければならないのである。（『形而上学』第七（Z）巻第一章 1028b2-7）

しかしいまたどり着いた「ウーシアーとは何であるか」という問いの位置は、まだ登山口のあたりである。というのも、この問いが追究される『形而上学』の第七（Z）巻と第八（H）巻は、この書の最も核心的な部分でありながら同時に最も難解な部分であるとして、しばしばエベレストの高峰にもたとえられているからだ。その登攀路は長く険しいだけでなく、そもそも見通しがきかない。選択のむずかしい岐路が次々と現われ、行き止まりに見えていた道にいつのまにか通じていたりする。自分の登頂のために、あるいは読者が迷子になったり遭難したりするのを防ぐために、研究者たちは、それぞれ案内人（ガイド）や伴侶（コンパニオン）を買って出たり、あるいは地図（マップ）を提供したりしているが、数多い議論の分かれ道で標識を立てなければならないので、ガイドブックは分厚くなりがちである。

それでも、そのようにじっさいの議論の行程にできるかぎり即してこの問いへの応答をたしかめようとする態度は、アリストテレスのウーシアーの探究を理解するために欠かせない。少なくとも、一つの結論に向かって一直線に進むというかたちでアリストテレスは議論を展開していない。探究の行程＝方法に腐心してきたアリストテレスが、体系化された教説を掲げるのでなく、ウーシアーとは何かを示すためのこの議論をそのように展開していることの理由や意味も考え合わせなければならない。

そこでまず、きわめて大づかみにアリストテレスの議論の全体を見渡すことにしよう。ドローンを飛ばして高みから俯瞰してみるのだ。そうすることで、はっきりとした登攀路は見出せないにせよ、どのようなアタックの方向があるのかを示し、そのために必要な装備も考えてみることができる。

「それぞれのもののウーシアー」の探究俯瞰図

アリストテレスは「ウーシアー」とは何かという探究に乗り出すにあたって、「それぞれのもののウーシアー」の候補として、次の四つを挙げる。(i)基に措定されているもの、(ii)本質、(iii)普遍的なもの、(iv)類、である(『形而上学』第七(Z)巻第三章 1028b33-36)。このうちじっさいの議論では、(iv)の類(種より上位の分類)は、(iii)の普遍的なものに吸収されるかたちで論じられている。

考察が「それぞれのもの」のウーシアーとして設定されていることに注意しよう。「それぞれのもの」が何を指すのか、どのような集合のなかの「それぞれのもの」なのかは何も言及がない。しかしそのことは逆に、特に限定しなくても、日常的・標準的な状況でわれわれが「それぞれのもの」として区別できるもの、そしてそのように数えられるようなものであることを示唆している。それは、カテゴリーの区別を生みだす先の問答の状況で、カテゴリー的な問い

非原因論的考察(第7(Z)巻第3章—第15章)

ウーシアーの候補		身　分	適　否
(i)基に措定されているもの		「何」とも規定されていない素材として	×
(ii)本質	a. 論理学的考察	それぞれのものそれ自体として	○
	b. 素材・形相にもとづく考察	形相として	○
(iii)普遍的なもの(+(iv)類)		定義の対象として	○?
		多くのものに述定されるものとして	×

原因論的考察(第7(Z)巻第16章—第8(H)巻第6章)

(ii)′ 本質・形相としてのウーシアー

(i)′ 素材としてのウーシアー

→本質・形相と素材との統合体および定義における一性

の前提とされたものに相当するだろう。たとえば、個々の人間や馬、あるいは机や家などがそうである。それらは経験的に出会う具体的なものであり、さまざまな属性も有する(先ほどの表現を使えば)「分厚い個体」である。そうした「それぞれのもの」のウーシアーはその「何であるか」を示すものであるが、ここでは、先の四つの候補を手がかりにそのウーシアーの身分ないし本性が、あらためて問われているのである。

　では、アリストテレスのウーシアーの探究の俯瞰的見取り図を上に示そう。この極端に簡略化された俯瞰図からだけでも、学べることは多い。

　明らかなのは、「ウーシアーとは何か」と

いう問いに対して、アリストテレスは、これだ！と一義的に応答していないことだ。その考察は複眼的、というより多眼的である。ある一定の条件を設定したり、異なるアプローチをとることを通じて、この問いに答えようとしている。そのため、「基に措定されているもの」ないしは素材がそうであるように、選挙区で落選したが比例区では復活当選したかのような結果にもなっている。そのことの意味を考えるためにも、いくつかの重要な論点をたどっておこう。

無規定の素材？

最初に検討される「基に措定されているもの」は、さまざまな述定される項がそれに述定されるものである。しかし、もしそれがすべての述定される項から独立の存在であるならば、その属性だけでなく「何であるか」を示す形相的規定（人間や机などのソータル）をも含めてすべて思考のうえで剝ぎとってしまうと、それ自体としては「何」とも規定されないものという意味での素材でしかなくなってしまう。まったく無規定なものはウーシアーではありえない。この意味での素材は、考察の舞台から退場させられる。

ただし、歴史的には、このように何とも規定されないものがしばしば世界を構成する原理として認められてきた。たとえばプラトンにおいてはイデアが写し出される「場」がそうであり、ストア派においては、世界を構成する二つの原理のうちの規定的（能動的）原理を受け入れる受動的原理がそうしたものである。その二つを融合したようなプロティノスの「素材」、そして西田幾多郎の「場所」といった概念も、この系譜に連なるだろう。

この歴史的事情にここで触れるのは、無規定的原理をめぐるこの相違に、哲学的思考の方向性の相違と言うべきものが見てとれるからだ。いま挙げた人びととは対照的にアリストテレスの場合は、世界の根底に無規定な素材（「第一質料」と呼ばれる）が存在するのか、などといった問いをそれ自体として考えることはなかっただろう。少なくとも、ここで丸裸にされた素材のようなものを基本的な原理として措定しないことはたしかだ。

アリストテレスは、世界は何からできているのか、という漠とした問いを追究しない。出発点はわれわれにとって知られることであり、現在の考察課題においては、それはわれわれが日常的に出会い認知するそれぞれのものの「ある」である。ウーシアーも、そして前述のウーシアーの候補としての素材も、「ありふれた」経験において出会うものについての注意深い分析のなかでその身分が吟味されるのだ。

「基に措定されているもの」も素材も、思考上で丸裸にされたものとしてはウーシアーとして認められないが、そのことによってウーシアーの資格を完全に剝奪されたわけではない。素材は、自然学的考察においては、形相によって規定されるものが生成するうえでの起点となり、生成したものに内属するものであった。つまり、ノコギリに対する鉄のように、形相と相関的な存在であり、何らつかみどころのない無規定なものではない。『形而上学』においても、上記の議論の見取り図が示すように、第八（H）巻での原因論的な考察では、基に指定されているものとしての素材に、ウーシアーとしての資格が認められている。経験される世界のそれぞれのものがそれぞれのものであることに対して、それぞれのものの素材もまた、原因として貢献しているのである。

本　質

次に検討されるのは本質である。本質を表わすギリシア語は「ト・ティ・エーン・エイナイ」ないしそこに与格形の名詞がついた言葉であり、英語に無理やり逐語的に対応させるなら“the ‘what it was to be’”となるような、かなり強引で人工的な造語である。こんな表現を使ってアリストテレスが意味しようとしていたのは、おそらく「（Xで）あるとはもともと何であるか」といった意味であろうと推定されている。つまり、「もともと」あるいは「本来的に」という条件の下で（Xの）「何であるか」を示すものである。

したがって、この意味での「何であるか」は、はじめから自明とはかぎらない。ヒラタケであると思ったキノコが毒のあるツキヨタケであったり、無色透明なので水と思ったが摂氏零度で凍らず塩水であることが判明するように、本質としての「何であるか」は、多くの場合、探究を通じてはじめて明らかとなる。「本質」は、認識の進展や深化を受け入れる概念であり、探究を通じて到達する「事柄の本性に即して知られること」に対応できる概念である。アリストテレスが、ものごとの「何であるか」を明らかにする正式の意味での定義とは「本質を明らかにするロゴス」であると考えるのも、このためである。

本質とウーシアー

本質については、まず「論理学的考察」と呼ばれる述定関係にもとづく概念的考察によって「それぞれのもの」と本質の関係が論じられる。それによれば、本質は「それぞれのもの」それ自体と同一である。たとえば、分厚い個体である一人の人間は、そのままでは本質ではないが、「それ自体」という限定のもとで、つまりそこから白いとか教師という付帯する属性を排除して考えるなら、それの本質そのものである。その意味で本質は、ウーシアーのきわめて有力な候補である。

そして、素材と形相にもとづく観点からの考察において、本質は素材に対する形相としてウーシアーであることが明言される。この議論において示唆されるのは、何か(X)のウーシアーである形相ないし本質が、Xを定義するうえでその素材および素材の部分も含めて統合的に規定する役割を果たすということだ。たとえば、人間を定義的に規定するのは、その形相であり本質である人間の魂である。他方で身体はそれを実現する素材であり、また身体的器官も魂の活動を実現するためにはたらく部分であるから、魂はそうした身体および身体的器官のはたらきをも説明するかたちで人間を規定する。

アリストテレス的本質主義

こうした議論にはアリストテレスの本質が、いわゆる本質主義とは異なる局面をもっていることがほのみえている。本質主義という言葉は、現代では相対主義的考え方、とりわけ(社会)構築主義と対比され、ある種の決定論的な意味で使用される。たとえば「人種」が生物学的に決定されているとする立場は本質主義、社会的または文化的に構築されたものだとする立場は構築主義、というように。

アリストテレスの本質概念の基本は、それぞれのものが、まさに当のものであることを説明する規定を与えるということにある。たとえば人間の本質はその魂である。それが個々人の魂であれ人間という種としての魂であれ、人間の本質である以上、思考という他の生物と異なる魂の能力がそこには含まれるだろう。そしてまた、人間の本質は、人間に固有の活動である言語活動や、独自の特徴である「すぐれた意味で自然本性によってポリス的動物である」ことも説明できなければならないだろう。したがって本質の概念そのものは、固定されたものである必要はない。人間は、言語を通じて社会に参入し、理論的にも実践的にも多くのことを学び、考えるようになる。むしろそのような力や潜在能力をもつものが魂であり人間を人間たらしめるものであるとすれば、たんに構築されたものではないが、しかし生物としてだけでなく社会的存在としての可変性と可能性をそなえたものが、人間の本質であると言えるだろう。

原因としての素材と形相

アリストテレスは探究の歩を進めて、原因としてのウーシアーの考察を、次のように始める。

しかし、探求にあたっては、それが「ある」ことを把握し、またその「ある」が成立しているのでなければならないので、そのうえで探求するのは「素材がそうあるのはなぜなのか」であることはあきらかである。たとえば、これこれのものが家であるのはなぜなのか。それは「もともと家であるところのもの」(家の本質)がそれに成立するからである。また、これこれが人間であるのはなぜか、あるいはこれこれの状態にあるこの身体が人間であるのはなぜかが問われる。したがって、探求されるのは、それによって素材がしかじかであることの原因であるが、その原因は、それによって素材が何かであるところの形相である。そしてこれこそがウーシアーなのである。(『形而上学』第七(Z)巻第一七章 1041b4–9)

この原因論的な考察は、「なぜXか」の問いを「YがXであるのはなぜであるか」という形式に開くことから始まる。たとえば、何かが「なぜ家であるか」という問いは、「ある木材が家であるのはなぜか」とか、一般的には「ある素材や構成要素が、それとは異なる何かであるのはなぜか」という問いへと変換される。アリストテレスが用意する応答は、素材や構成要素をある何か(X)として規定するものこそがウーシアーだ、ということである。これが形相であり本質であることは上記の引用から明らかであろう。形相や本質は、この意味で、原因としてのウーシアーである(原因という観点から考察される場面では、本質に代わって形相の概念が議論の前面に登場する)。

この「原因」としてのウーシアーの概念は、明確に形相と素材の実在的なあり方にかかわった概念である。それゆえ、素材は、形相的なあり方を実現するデュナミス(力能)として、形相や本質はその力の発現であるエネルゲイア(実現状態)として理解される(この対概念については、次に説明しよう)。家を構成する素材である木材には家を実現すべき力がそなわっており、家は建築術がその木材のもつ力を発現させて達成されたあり方である。

ウーシアーの探究の基本的な視点

「ウーシアーとは何であるか」という問いは、以上のように複数の観点から考察されており、実際の分析はこれまで紹介したところよりはるかに錯綜している。しかし以上の俯瞰を要約するだけでも、次のように語ることは許されるであろう。——もともとの問いは、「それぞれのもののウーシアーとは何であるか」ということであった。アリストテレスは、そのウーシアーを「それぞれのもの」について、(A)それに付帯する属性ではなくそれ自体として規定するものとして、あるいは、(B)その部分を含めた素材に統一性を与えるものとして、そして、(C)そのあり方の原因となるものとして考察している。

ウーシアーが形相である、と言うことはできる。しかし、じっさいに経験的に出会うものが

「何であるか」を確定するためには、多くの知的努力を必要とする。その当のものが何からできているのか、どのような部分をもっているのか、その他の特徴を観察し理解し、それらを説明できるものでなければならない。

ここで、「それぞれのもの」のウーシアーが以上の複数の観点から考察されていることの意味を考えるために、キッチンに現われた小さな虫にもう一度登場してもらおう。とりあえずそれを見て、ゴキブリ！と特定したとしよう。しかし昆虫学者であれば、その形態、部分や器官の構造、行動などを観察することによって、その虫が「何であるか」を探究し、(A)その個体にたまたま付帯すると思われる属性を考察の対象から除外するであろう。他方で、(B)後脚が長いとか、翅《はね》がやすり状になっているなどのその生態にかかわる身体的器官をもつことに気づくだろう。さらに可能なら、(C)何から生まれ、どのような成虫を目指して成長するのかも観察するだろう。それによって成虫になると翅を擦りあわせて音を出すことが判明したりする。これらの特徴を統合したかたちで説明できるのが、「何であるか」を示すそのウーシアーであり、この場合それは、ゴキブリではなくコオロギという種であろう。

ウーシアーは、以上のような仕方で、それぞれのものの「何であるか」を示す。それゆえ、この意味でのウーシアーを、われわれは探究を通じてはじめて理解するのである。

4　デュナミス（力能）とエネルゲイア（活動実現状態）

デュナミスとエネルゲイアという「あり方」

「あるというかぎりでのある」の探究のうちで、ここまで論じられてきたのは、さまざまなカテゴリーに属するものの「ある」である。この「ある」は、ウーシアーを中核として成立する「ある」であり、だからこそ「ウーシアーとは何であるか」という問いが追究されていたのだ。しかし、それとは別に究明されるべき「ある」が残されている。デュナミスとエネルゲイアに即した「ある」である（本書一七八頁参照）。

この二つの「ある」は「ウーシアーとは何であるか」という問いの追究と無関係ではない。「ウーシアーとは何であるか」を探究するなかで、解明が残される問題があるからだ。それはウーシアーであることが認められた素材と形相との関係である。両者は経験的に出会う「それぞれのもの」において一つであることはまちがいない。しかし、それはどのような関係を結ぶことによって実現しているのか。そして二つが「それぞれのもの」を成立させる原因であるとしても、それは同等に貢献しているのか、それとも一方がより原理的な資格を有するのか。

この問いに対してアリストテレスは、次のように答える。「それぞれのもの」(X)の素材はXのデュナミスであり、形相はXのエネルゲイアである。素材と形相の統合体としてのXはそのデュナミスがエネルゲイアにあるというあり方である。こうして「ウーシアーとは何か」という問いに対する応答の重要な部分は、デュナミスとエネルゲイアというあり方が担うことになる。デュナミスはありふれた言葉であり、基本的に力や能力を表わすが、エネルゲイアはアリストテレスが独自に導入した言葉である。従来は「デュナミス」を「可能態」、エネルゲイアには「現実態」という訳語が使用されてきたが、以下ではその訳語の問題にも触れることになるので、カタカナの表記を使用する。

われわれはすでに、魂のはたらきを説明するなかで、この二つのあり方に論及している(本書第Ⅳ章)。たとえば、見られることができる色と見ることができる視覚能力という二つのデュナミスが、「見られている」と「見ている」という二つの局面をもつ一つのエネルゲイアを実現するのだった。

排他性

アリストテレスは、このデュナミスとエネルゲイアという「ある」の対比を、「デュナミスにおいてある」と「エネルゲイアにおいてある」というかたちへと変換して解明する。最初に与えられるのは、次のような暫定的な定義である。――「エネルゲイアは、われわれがデュナミスにおいて成立していると語るその仕方ではないような仕方で事物・事象が成立していることである」(『形而上学』第九(Θ)巻第六章 1048a30–32)。

一見したところこの規定は、一方が他方の否定であることを告げるだけで、あまり情報量のなさそうな定義であるが、じつはエネルゲイアとデュナミスとの対比にかかわる根本的な洞察を明らかにしている。すなわち、この二つは、ある特定の事象について同時に並び立つことができない排他的な関係にあるということだ。たとえば、視覚ないし見るという一つの事象について、見ているという「エネルゲイアにおいてある」あり方と、見ることができる(が見ていない)という「デュナミスにおいてある」あり方とは、どちらか一方が成立するという排他的な関係にある。したがって人が目をつむりながら考えているとき、その人には、(見ることができるという意味で)デュナミスにおいてあることと、(考えているという意味で)エネルゲイアにおいてあることが同時に成立してはいる。しかし、「デュナミスにおいてある」と「エネルゲイアにおいてある」の対比は、見るという事象、あるいは考えるという事象のそれぞれについて、二つのうちの一方が語られるべきなのである。

エネルゲイアにおいてある	：	デュナミスにおいてある
建築している	：	建築できる
見ている	：	視覚を有しているが目を閉じている
ヘルメス像	：	その木材

包括性と多様性

とすれば、この二つのあり方は、きわめて多種多様な事象について成立する。事実アリストテレスがこの二つのあり方を論じるなかで言及する事例は、自然物の変化から、動植物のはたらき、人間の行為、人工物の制作にまで及んでいる。最終的には神的な知性のあり方も、これらの概念を通じて特定される。エネルゲイアとデュナミスは、排他的であるとともに、そのように包括的である。

他方で、世界の事象が多種多様であることは、アリストテレス自身が最もよく認識していた。エネルゲイアとデュナミスの区別はそうした多種多様な事象に成立するが、その多様性を、帝国主義的に統一しようとするものではない。

アリストテレスによると、「デュナミスにおいてある」あるいは「エネルゲイアにおいてある」とされるさまざまな事象の間には、定義としての同一性は成立しない。またカテゴリーとしての「ある」の場合のウーシアーのように、何かが特権的ないし中核的役割を果たすこともない。それぞれの事象におけるエネルゲイアとデュナミスの間に共通するのは、A対Bという類比関係にとどまる。それゆえエネルゲイアとデュナミスの関係は、多くの事例から帰納的にみてとらねばならない。

アリストテレスの議論は多くの事例を挙げているが、代表的なものを選ぶと右の表のようになる。それぞれの比における二つの項は、同一の事物や事象についての排他的な二つのあり方である。たとえば、この比の最初の例は、建築に関する知をもつ人、つまり建築家の二つのあり方である。すなわち「建築している」というあり方は、エネルゲイアにおいて建築家であり、「建築できる」というあり方はデュナミスにおいて建築家である。第二の例も、「見ている」は視覚がエネルゲイアにおいてあることであり、「視覚を有しているが目を閉じている」は、視覚がデュナミスにおいてあることである。

現実のあり方としてのデュナミスとエネルゲイア

そして以上の事例が告げるのは、「デュナミスにおいてある」こともまた、現実の(actual な)あり方の一つであるということだ。「デュナミスにおいて建築家である」とは、建築の知識をもち、何かを建築することができる人であり、通常の意味で建築家である(それゆえ「可能的に建築家」と表現するのは適切ではない)。

アリストテレスが好む例である、知ある人つまり学者についても、「デュナミスにおいて学者である」のは考察・研究――ギリシア語で「テオーリアー」という活動――ができる人であり、そのような人は、「エネルゲイアにおいて学者である」、つまり理論的に考察している人に劣らず、歴とした学者である。少なくともアリストテレスが議論している日常的な言語使用の場面においてはそうである。そしてまた日々の糧を得るために、あるいは学務や雑用に追われて、研究するための閑暇な時間――ギリシア語で「スコレー」と呼ばれ、これこそがschoolの語源である――がますます奪われ、考察し研究することがまれになりつつある日本の多くの研究者たちも、私は立派に学者だと信じている。「デュナミスにおいてある」あり方も、それぞれの事物や事象の現実の積極的なあり方である。

これに対して、ヘルメス像の例は、別の見方を示唆するかもしれない。ある木材が「デュナミスにおいてヘルメス像である」と言われるなら、その木材は、実際はヘルメス像ではないが、そうなる可能性がある、可能的にはそうである、と容易に考えることができる。そうすると「デュナミスにおいてある」と「エネルゲイアにおいてある」は、現実的にあることと可能的にある(が現実的にない)ことの対比――現実性(態)vs可能性(態)――となるだろう。しかしアリストテレスは、事例を並列することを通じて、ヘルメス像についても、他の事例と同様の理解を求めている。建築家が建築能力をもっているのと同様に、ヘルメス像が切り出される木材も、そこからヘルメス像が切り出されうるにふさわしい硬さや加工しやすさを含んだ現実の積極的なあり方をもつという意味で「デュナミスにおいてある」のだ。このように「デュナミスにおいてある」ためにはそのエネルゲイアを実現できる一定の特性をそなえていなければならない。豆腐からヘルメス像がつくられる可能性はゼロだとは言えないとしても、豆腐のなかにはヘルメス像のデュナミスはないのである。

例示を通じて示されているのは、現実性と可能性という言葉から思い浮かべられる対比とは基本的に異なる対比である。すなわち、「デュナミスにおいてある」とは「可能的に存在する」のではなく力をそなえていることであり、その力の発現ないし行使としてのエネルゲイアとともに、それぞれの事象の「ある」ことの一つのかたちである。それらは、ともに、現実の世界の基本的なあり方を示しているのだ。

二つのデュナミスの共同としてのエネルゲイア

エネルゲイアは、そうしたデュナミスの発揮であり発現である。それは、これまでみてきた例がそうであり、また魂の活動が典型的にそうであったように、二つの相関するデュナミスが共同することによって実現する。たとえば、建築においては、建築家のもつ建築能力というデュナミスと木材がもつ強度と可塑性というデュナミスが共同することによって、「建築する」「建築される」という二つの局面をもつ一つのエネルゲイアが実現する。またものを見る場合には、たとえば白として現われるという白さのデュナミスと、そのはたらきを受容して白として認知するという視覚のデュナミスが共同して「見る」「見られる」という一つのエネルゲイアが実現する。

世界には、いたるところではたらきかける力とそのはたらきを受容できる力が実在し、そしてこの相関する二つの力が相互に共同することによってそれぞれの力が発現されているのである。

力動的世界

アリストテレスには、次のような世界観が帰せられることがあった。――世界の基本的なあり方は、実体と属性という図柄で描き出される。このうち色や味やさらには善や価値などは属性の側に属し、それらはすべて実体に依存する二次的なものであるが、これに対して実体は属性の担い手であり、また属性から独立の存在であるから、言ってみれば物《もの》としての物体的な性格をもつ。このような世界の描像によれば、世界の最も基礎的なあり方からは色や味といった諸性質は閉め出され、存在と価値との亀裂を生みだすことになるだろう――。

しかし、これまで見届けてきたアリストテレスの世界観が、こうした描像とはまったく異なることは明らかだろう。世界はきわめて多様な存在から構成されている。経験的に出会うそれぞれのものは、「何であるか」を示すウーシアーによって規定されるとともに、性質や量、あるいは他のものとの関係をもつ具体的で「分厚い個体」である。そしてそのウーシアーも色その他の属性も、デュナミスという力能性を現実にもっている。また動植物も人間も、そうしたデュナミスをそれに応じた仕方で受けとり反応しうるような、世界にかかわる能力というデュナミスをそなえている。われわれが生きているのは、このようなさまざまなデュナミスとその発現としてのエネルゲイアに満ちている豊かな世界である。

5 アリストテレスの神

不動の第一動者

すでにこの種の書物にしては多くを論じたので、『形而上学』についての話はできればこのあたりで切り上げたいのだが、それは許されないだろう。この書が「形而上」の学であること、すなわち感覚されるものを超越する存在についての考察と受けとられていることについて、何も触れていないからだ。

アリストテレスはこの探究が、不動のウーシアーにかかわることを表明していた(本書一六八頁)。そして感覚されうるウーシアーを論じるなかでも、それが感覚されえないウーシアーの理解に貢献する、ということを『形而上学』のなかで繰り返し述べている。したがって、不動であり感覚されない――その意味で超越的な――何かが、これまでたどってきた議論も含めて、探究の全体を方向づけていることは明らかである。そして、考察の最終到達点となるのが、「不動の第一動者」とも「知性」とも「神」とも呼ばれる、ある神的な存在であることもたしかだろう。ただし、残念なことに、それがどのような存在なのかについては、第一二(Λ)巻の後半の章の急ぎ足で舌足らずな議論で論じているだけである。

ひとまず、この特別な存在に関係する論述を手短にまとめれば次のようになる。一般的原則として、それぞれの(生成消滅を含む)運動変化には、運動変化できるものとともに、その運動変化を引き起こし運動させることができるものが必要である。他方で、この世界には運動変化がつねに存在し途絶えることがない(アリストテレスはそう考えた)ので、運動変化を引き起こす第一のものが存在しなければならない。しかし、この第一の動者が動くならば、さらにそれを動かすものが必要となり、無限遡及に陥るので、それ自身は不動でなければならない。こうしてこの不動でかつ第一の運動を起こすものが存在する。——ここまでは『自然学』の第八巻で論じられている「不動の動者」が存在することの論証である。

神の活動

『形而上学』第一二(Λ)巻では、その動者が何であるか、そしてどのように動かすのかが論じられている。これまで紹介してきた経験に即した分析とは異なる調子で語られるその主張は、次のようなものである。まず不動の動者は、永遠不変なウーシアーであり、またつねに動かすのでなければならないので、動かすことができるというデュナミスとしての性格をいっさいもたない。もしデュナミス的性格をもつなら、世界を動かさないこともありうることになってしまうからである。したがってこの動者は、その本質がエネルゲイアそのものである存在である。そしてこの動者は、不動でありながら、次のような仕方でそれ以外のものを動かす。

　ところで、「それのために」という場合の「それ」は動かされえないもののうちにあり、このことはその用法を区別することによって明らかとなるだろう。すなわち、「それのため」の「それ」は、「何かにとって」という利害の当事者か、あるいは「何かを目指して」という目的を意味する。このうち後者は動かされえないもののうちにあるが前者はそうではない。したがって、それは愛されるという仕方で愛するものを動かすのであり、また動かされるものによって、それ以外のものを動かすのである。（『形而上学』第一二(Λ)巻第七章 1072b1-4）

不動の動者は、それ自身は何らモーションをかけないのに、周囲がみなそれを愛し動いてしまうのである。

他方、愛されてやまないこの動者の純粋なエネルゲイアとはいかなる活動なのか。——それは知性(ヌース)の活動としての知解活動(ノエーシス)である。その知解活動の対象となるのは、その主体と同じく最高のものでなければならないので、最高の存在である自身を対象とする。すなわちそれは「知解活動の知解活動(ノエーシス・ノエーセオース)」でなければならない（『形而上学』第一二(Λ)巻第九章 1074b34-35）。

この有名なフレーズが、神的知性の活動がまさにその自身の活動だけを対象とすることを意味しているのか（おそらく字義通りに受けとるならそう解釈しなければならない）、それとも知性の活動における認識と対象の一致を意味しているのか（この場合は自分自身の知解活動以外のものについての知解の余地を残す）について解釈の対立がある。しかし、たとえ後者のように解釈しても、この神的な知性は、われわれが生きるこの世界のあり方にかかわることはない。人間の知的認識能力はこの世界の可知的対象にかかわるが、神的知性は純粋に知解活動というエネルゲイアにおいてあり、そこでは知的能力と可知的対象という、デュナミスの性格を含む区別は意味をなさない。それ自身の活動をひたすらおこなっているだけのアリストテレスの神は、本来は名詞でなく動詞で表現されるべき存在であろう。

世界に介入しない神

地上でのあくせくした生活とはまったく縁のない文字通り天上の存在の描写であるが、しかし神的存在についてのこの特異な描き方は、経験的世界についてのアリストテレスの独自の思考を照らし出してもいる。この巻でのいわば頂上的存在に至るまでの議論には、これまでみてきた「ウーシアーとは何であるか」という問いをめぐる重層的な探究と、エネルゲイアとデュナミスの概念にもとづく力動的な世界をめぐる考察が凝縮されているからだ。

このことを考え合わせるならば、アリストテレスは、この神的知性についての議論を通じて、一つの大きな肯定を与えているように思われる。すなわち、これまでの「ある」およびウーシアー、そしてデュナミスとエネルゲイアにかかわる考察、そしてそれによって見出される世界のあり方を、強く肯定していると読むことは許されるだろう。アリストテレスの神は、ホメロスの神々たちのように人事に口出しするのでもなければ、プラトンの制作者のように、宇宙を開始したのでもない。ましてや聖書の伝統のなかの神のように、全知全能で世界を無から創造したのでもない。さいわいなことに、この神は、自身ではいっさいの力(デュナミス)をもたないという意味で無力であり、世界のあり方に自らは介入しない。世界のあり方は、事実そうあるがままである。

実在する様相性

この神のあり方の違いは、結局のところ、現実の世界の見方の相違でもある。イスラームを含む聖書的な神の概念によれば、この世界の個々の事物や事象も、そして世界全体も、存在することは創造者の業《わざ》である。言い換えれば、この現実の世界が存在しないということも可能な選択肢の一つであった。現実に存在することは多くの可能性のなかの一つなのである。現代の形而上学者たちの言い回しを使うなら、多くの可能世界のなかで選ばれた一つの世界がこの現実である。

それゆえ、この聖書的伝統においては、世界内のそれぞれのものも、そしてこの世界全体も現実に存在しなかったという可能性があるがゆえに、現実にそれがあるということ、つまり現実性と存在への問いは重要な意味をもつ。重力子であれ、倫理的価値であれ、特定のものが現実に存在するのかどうか、という問いとともに、そしてそれより先に、「なぜこの現実の世界は存在するのか」という問いが有意味な問いとなる。

これに対して、アリストテレスの神は、先にみた意味において、無力であり、世界をいわば放置している。したがって、現実のこの世界がすべての出発点である。何が可能であるのかという可能性への問いも、経験されるこの世界にもとづいてはじめて問われる。

先に言及した現代の形而上学者たちが可能性のなかの一つとして現実性を考えるのに対して、新しいアリストテレス主義者たちは、可能性を現実の世界に存在するものの力や潜在性――アリストテレスの言うデュナミス――にもとづいて理解しようとしている。この態度は、アリストテレスの洞察を真っ直ぐに継承していると言えるだろう。世界の現実のなかにこそ豊かな可能性が存在しているのだ。

アリストテレスにとって、現実の世界は、多様で豊かであるとともに、それぞれが探究を通じて知り、理解することが可能な世界である。

人間の神的なあり方

現実の経験的世界を生きるわれわれにとって、神的なものの在処もまた、この世界の探究をつうじて示される。そしてこの視点は、『形而上学』における知的探究と、さらにアリストテレスの哲学全体の根底にあると言ってもよい。第I章でも触れたように、『形而上学』のほぼ冒頭においてアリストテレスは、われわれ人間の知――とりわけ探究されるすべてのものの原因の知――が、神的性格をもちうることを主張していた。さらに、『倫理学』においては、知性によって考究する活動(テオーリアー)に従事することの神的な性格を論じている。

そして、もし幸福が徳にもとづく活動であるとすれば、それは最もすぐれた徳にもとづくものであることが理にかなっている。しかるに、最もすぐれた徳は、最善のものの徳であるはずである。そこで、この最善のものが、知性であれ、あるいはその他の何かであれ――それ自体がまた神的なものであるか、あるいはわれわれの内なるもののなかで最も神的なものであるか――いずれにせよそれこそが自然本性（ピュシス）に即して支配し、領導し、美しいものおよび神々について想いをいだくと考えられるもの、まさにそうしたものがその固有の徳にもとづいておこなう活動が、最も完全で終極の幸福であろう。そしてこの活動こそ、考究する活動である…。（『倫理学』第一〇巻第七章 1177a12–18）

アリストテレスは、知性を行使した考究するという活動（テオーリアー）に、ある神的な性格を見ている。それは人間においても神的な性格をもつものの活動であり、そしてそれが完全な幸福である。

しかしこのような人間における神的なものとしての知性は、この現実の世界とかかわり、そこにおいて世界の多様で可知的な事象と秩序を知り、理解する活動として発現する。その活動は、より具体的に、人間と社会のあり方についての考察であり、シラミの生態から星々の運行に至る諸現象の観察や研究であり、そして、さまざまな「ある」の中核にあるウーシアーとは何であるか、という問いとの知的格闘である。すなわち、アリストテレスにとって哲学そのものと言ってもよい。かりに、その探究が不動の第一動者のような神的なものへと想到するとしても、それは以上のような現実の世界とのかかわりを通じてはじめて観取されることなのだ。

その意味において、すでに第Ⅲ章末尾で引用した言葉が、何よりアリストテレスにとっての神を表わすのにふさわしいのではないか。――「ここにも神々がまします」。

VI

継承・否定・回帰
——その後のアリストテレス

流れ下る水が最初の水源の高さよりも上昇することがないように、
アリストテレスから派生して、自由に吟味されることを免れた知識は、
アリストテレス自身の知識よりも上昇することはない。

——フランシス・ベーコン

1　アリストテレスへの脚註としての哲学史

英国出身の哲学者アルフレッド・ノース・ホワイトヘッドは、西洋哲学の歴史を、プラトンに対する一連の脚註として見立てた。これは卓抜な見方であるが、事実としては、哲学の歴史のなかで、アリストテレスほど多くの註解と諸解釈が積み重ねられてきている哲学者をわれわれは他に知らない。

その伝統は、紀元後から始まり、古代後期から中世を経て、ルネサンス期に至る。ルネサンス期の一五〇〇年から一六五〇年の間に書かれたアリストテレスの註解は、信じがたいことだが、六六五三(!)を数えるという。

一七世紀に入ると、自然学や倫理学をはじめとしてあちこちでアリストテレスに対する批判の炎があがり、こうした伝統はいったん休止するが、この動向もアリストテレスへの批判的註解とみることができるだろう。その後も注目は途絶えることはなかった。アリストテレスが哲学のつねに中心に居続けているのは事実である。哲学の歴史的事実にもとづいて語るなら、

「西洋哲学の歴史はアリストテレスに対する一連の脚註からなる」と記述する方が安全である。

このことを如実に物語る一つのエピソードを紹介しよう。英国には「アリストテレス協会」(Aristotelian society)という組織がある。これは、アリストテレスの研究者たちの学会ではなく、哲学全般に関する英国の研究者たちの代表的な組織である。創立五〇周年のおりの回顧によると、それが設立されこのように命名された経緯は、次のようなものだった。——一八八〇年四月一九日、ロンドンの大英博物館のすぐ近くのブルームズベリ・スクウェアに、哲学者に加えてシェイクスピア学者、化学者、社会主義者の活動家を含む五人の人物が集まった。彼らはその会合で、協会を設立し隔週の月曜日に女性を含むメンバーで会合をもつことを決定した。彼らの目的は、立場を問わず広く「哲学を体系的に研究すること」であり、またその理想は一貫して「哲学を、たんなるアカデミックな主題としてではなく、人間の思考のストーリーとして研究すること」であったと語られている。しかし、会の名称に「哲学」philosophyという語を用いることははばかられた。当時「フィロソフィカル」(philosophical)という言葉は、気象観測の道具にまで使われており、そのためヘーゲルにからかわれるような状況だったからである。この協会の趣旨を適切に表現するために、彼らが選んだのは、哲学史のなかでこの会の目的にぴったり当てはまる唯一の名前を拝借することだった。設立者たちにとって、アリストテレスのように考えることが哲学的に考えることだったのだ。

「アリストテレス」という名は、定冠詞付きの哲学者(the philosopher)を指すだけでなく、哲学の代名詞でもあった。したがって、その受容の歴史を語ることは、われわれとアリストテレスの関係をあらためて確認することであるだけでなく、西洋哲学の歴史を、ある独自の視点からたどり直すことでもある。それは、従来の哲学史とは異なり、書物の伝承、翻訳、社会や制度の介入、そして偶然的な契機という、具体的で物質的な営みがつくる哲学の歴史を語る試みとなるだろう。

2　「著作集」の編集と初期の註解

「アリストテレス著作集」の問題性

現在に至るまでアリストテレスの受容の歴史にとって、われわれが手にしている彼の著作がどのように成立したのかは決定的に重要である。その「著作」の成立に、ある特殊な事情があるからだ。

アリストテレスがきわめて多くを書き記したことは事実である。彼の文字資料の重視という研究スタイルからみても、それは当然のことであった。だが、たとえばプラトンの著作の場合には、パピュロスの巻物、獣皮や紙の冊子本、そして電子媒体とその媒体のかたちは異なっても、われわれが読むのは、プラトンの時代に読まれたものとおおよそ同じである。しかしアリストテレスの場合にはそれと同じように考えることはできない。現在「アリストテレス著作集」(Corpus Aristotelicum)と呼ばれる著作群が伝えられるうえで、複雑な経緯が介在していたからだ。そしてこの経緯は、アリストテレスの内実を考えるうえでも、無視できない要素である。

アリストテレスは現在残された著作のなかでも自身の「公開用著作」というジャンルに言及している(『政治学』第三巻第六章 1278b31-32,『エウデモス倫理学』第一巻第一章 1218b34 ほか)。古代著作家たちは、このタイプの著作の多くが対話篇ないしはそれに準じた形式をとっていたことを報告しており、それらの作品はキケロが「弁述の黄金の流れ」と評するような、洗練された文体で綴られていたらしい。他方、われわれが現在手にしているアリストテレスの作品は、資料集的なものであれ、理論的な考察を展開したものであれ、そのような文学的形式のものではなく、むしろ舌足らずでぶっきらぼうな散文であり、キケロとはほぼ反対の評価を下さざるをえない代物である。したがって、こちらはそのまま公開ないし公刊を意図したものではなかったと考えざるをえない。おそらく、古代において、先の「公開用著作」(exoterica)と対比されて「聴講用著作」(acroatica, acroamatica)と呼ばれた著作群に相当すると考えられている。

さらに、ディオゲネス・ラエルティオス『ギリシア哲学者列伝』(三世紀初め)の伝えるアリストテレスの一四三にのぼる著作の目録も、現代のそれとは大きく異なっており、とくにこんにち主要著作とされる『形而上学』『自然学』『魂について』『ニコマコス倫理学』などがそこには見出されない。これに対して、五世紀のヘシュキオスによる著作目録では、その前半部はほぼ『ギリシア哲学者列伝』に一致するが、その後半部にはいま挙げたわれわれにおなじみの書名が数多く登場する。

こうした事実は、アリストテレスの著作の流通や受容に何らかの大きな変動があったことを強く示唆している。

ストラボンとプルタルコスの物語

こうした変動は何に由来するのか。――この点を説明するのに絶好の伝承が存在する。ストラボンの『地誌』とプルタルコスの『対比列伝』の「スッラ」の記述をつなぎ合わせると、次のような物語ができあがるからである。

――アリストテレスの遺した多くの論考は、彼の弟子であったテオプラストスに、さらにその弟子ネレウスへと引き継がれた。ネレウスはこれをトロイアの都市スケプシスに持ち帰ったが、その相続者はそれを地下の穴蔵に隠したまま放置してしまった。のちに発見されたこの原稿類はやがて将軍スッラによってローマへと運ばれて、文物に詳しいテュラニオンの手に渡りロドス出身のアンドロニコスがこれを利用して著作集を編纂公刊した。こうして「地上から姿を消していた」アリストテレスの著作、なかでも「現著作集」に相当する論考は、紀元前一世紀後半にアンドロニコスによる新たな編纂と公刊をきっかけに広く注目を浴びるようになり、やがてはこちらの著作群がそれまで読まれてきた作品にとってかわって参照されて、現在の「アリストテレス著作集」となった――というわけである。

これもまた、アリストテレスにまつわる興味深い物語の一つである。もしこれがただしく、そしてアンドロニコスによって編集され公刊されたとされる著作群が現在に伝わる「アリストテレス著作集」の原型だとすれば、それがキケロらによって読まれたアリストテレスの作品と異なるという事情も説明がつくだろう。

アンドロニコスの仕事

残念ながら、この物語を受け入れることはむずかしい。とりわけ、あたかも伝承された写本が一つであるかのようなストラボンの記述は信用できない。アリストテレスの弟子の一人であったロドスのエウデモスといった人びとによっても、アリストテレスの著作は伝承され、何らかのかたちで編集されていただろう。

だが、こんな物語が語られ受け入れられる素地があったという事実は注目に値する。このことは、ある時期までその存在さえよく知られていなかったアリストテレスの特定の著作群——「聴講用」の著作を多く含む——が、かなり短期間のうちに広く知られ読まれるようになったという、状況の変化を告げるからである。そのような変化において、先の物語に登場したアンドロニコスが一定の役割を果たしたこともたしかだろう。

アンドロニコスは、いくつかの写本を校合しテキストの選択を論じ、著作の真偽問題についても態度を表明したと伝えられている(ただし、いくつかの論考をまとめて『形而上学』その他の書を編んだといった言説がしばしばおこなわれてきたが、それを裏づける証拠はない)。その後のアリストテレスの受容史を考えるとき、アンドロニコスの特筆すべき仕事は、アリストテレスの著作目録を作成したことである。現代でも有名作家や大学者の著作目録をつくることは意義ある仕事だが、アンドロニコスの場合はそれ以上の意味をもっていた。アリストテレスの哲学の構成を示し、それに応じて、学習の順序――「われわれにとって知られることから事柄の本性に即して知られることへ」――を指定する役割を負っていたからである。

古代の註解者たちの証言にもとづくと、アンドロニコスは論理学関連書、動物学関連書などのかたちで、すでにある著作を分類し、アリストテレスの著作全体のなかでの配置を決めた。さらに、分類される著作群のなかで、いわゆる論理学関係の書を最初に置いた。その理由は、大工が錐などの使い方をまず身につけるように、論理学を道具(オルガノン)として修得すべきだ、と彼が考えたからである。さらに、その論理学的著作群の――したがってアリストテレス著作集全体の――冒頭に『カテゴリー論』を置いた。これもこの書の内容や目的についてのアンドロニコス自身の理解にもとづく選択である。

注意してよいのは、こうした配列は、当時において自明ではなく、異なる見方も存在するなかでおこなわれたということだ。たとえば、アンドロニコスの弟子であるシドン出身のボエトゥスは、アリストテレスの哲学のなかでは自然学が「われわれにとって知られること」であると考えて、自然学的著作がより先に置かれるべきだと主張していた。歴史がボエトゥスの見解に味方したならば、自然学的著作群、次に論理学的著作群、…、という並び方もありえただろう。もしそうであったならば、いま「形而上学」すなわち「メタフィジクス」と呼ばれる書は、

「論理学的考察の後に学ぶべき著作」として、「メタロジクス」と命名されていた可能性もある。
また、論理学的著作群の『カテゴリー論』『命題論』『分析論』『トポス論』という順序も、古代において必ずしも受け入れられていた考えではない。現在『カテゴリー論』と呼ばれる書は、「『トポス論』序説」の名で呼ばれ、一種の入門書として考えられていた。アンドロニコスはそのような位置づけを拒否して、おそらく述語の分類についての書だと考えたのである。

こんにちからみても、アンドロニコスによるアリストテレスの思考の配置図は、けっして不当なものだとはいえない。「論理学的著作」を思考の「道具」として最初に学ぶべきだと考えることには、それなりの理由がある。それに全面的に賛成するわけではないが、本書でも、「論理学的著作」で論じられている探究の一般的枠組をまず紹介し、それがアリストテレスの哲学のなかで具体化されていることを見届けた。また、形而上学的考察において要となるカテゴリーの区別なども『トポス論』での対話問答の分析を源泉としていることを論じている。

しかし他方で、問題がないわけではない。「論理学的著作」、とりわけ『カテゴリー論』を学習過程の最初に置いたことは、その後のアリストテレスの受容に対して、おそらくアンドロニコスが考える以上の意味をもってしまったように思われる。『カテゴリー論』は、アリストテレスの著作のなかでは、いくつかの意味で特異な書である。それ以外の書との参照関係がなく、ウーシアーについての議論も『形而上学』その他の著作とはかなり異なる（偽書説も少数だが存在する）。しかし、アンドロニコスの配列がその後も受け入れられて、この特異な書が、アリストテレス哲学を学ぶうえでの最初の必修教程となった。一昔前のピアノの学習におけるバイエルのような扱いを受けたのだ。そしてその議論は、個と普遍、実体（substance の意味で解釈されたウーシアー）と属性などを考えるための基本文献となってしまったのである。しかし私は、この書が哲学史のなかで最も論じられた書の一つになってしまったことは、アリストテレスにとって本意ではなかっただろうと思う。

　これに対して、「論理学的著作」で論じられたアリストテレスの知的方法論の豊かな展開である自然学的な探究、とりわけ動物学関係の著作に対しての関心は古代と中世を通じて総じて薄い。さらに『政治学』になると、一三世紀に至ってラテン語に翻訳されるまで、ほとんど顧慮されることはなかった。

　本書で論じたように、アリストテレスの哲学の本領の一つは、文字通りにも比喩的にも、それぞれの探究領域の現場に赴いて、多種多様な事象に即して世界のあり方を解明している点にある。そうした観点からすれば、経験的・実証的な考察があまり顧みられないまま、『カテゴリー論』をはじめとする論理学的著作を中心として受容されたことによって、アリストテレスの思考の富は十分に汲みとられなかったと言わざるをえない。残念なことに、この傾向は長く続く。

媒体としてのアリストテレス

こうしておおよそ現在に伝わるアリストテレスの著作への関心が高まるなかで、さまざまな解釈がおこなわれるようになる。紀元後には、いま言及したアンドロニコスやボエトゥスをはじめとして、多くの人びとが何らかのかたちでその解釈を著したと伝えられるが、このうちボエトゥスは、テキストの単語や文を順にとりあげて分析するという、「註解」と呼びうる著作をものした。その後、多くの解釈が、この註解という形式を採用する。

註解は、アリストテレスの著作の理解を促すための道具であるが、同時に研究と教育のための媒体でもある。註解は、相手とするテキストの解釈を通じて自分自身の考えを鍛え表明する場であり、またテキストをはさんで対話する場をつくるからだ。じっさい四世紀以後に書かれる多くの註解に「教師Aの声にもとづく聴講者Bのノート」という表題が付けられており、教育の場が註解を生みだす場でもあったことがうかがわれる。

註解というスタイルをアリストテレス研究の中心的方法とすることに貢献したのは、アプロディシアス(現在のトルコ南西部の都市)出身のアレクサンドロス(二世紀後半—三世紀前半)である。彼はアリストテレスの多くの著作について重要な註解を著した。その註解の方法は、「アリストテレスによってアリストテレスを説明する」、つまりアリストテレスの著作を相互に参照することを通じてテキストを理解するというものである。この読み方は、アリストテレスの思考が全体として整合的で体系的であることを前提とし、註解者に対してその著作全体に精通していることを要求する。アレクサンドロスはこの要求によく応えることによって、整合的な体系というアリストテレス哲学の描像の確立を促した。

だが、アレクサンドロスの仕事を引き継いで、アリストテレスをよりよく理解することそれ自体を目指すような註解や研究は、ほとんど伝えられていない。広い意味でのペリパトス派(アリストテレスの学派)の伝統は、アレクサンドロスにおいて途切れてしまうのである。

3　新プラトン主義者たち

プロティノスとポルピュリオス

しかし同じこの世紀に、ローマでは、アレクサンドロスの註解とは異なるかたちのアリストテレスの受容が本格化し始めていた。プロティノス(二〇四/五―二七〇)が二四五年にローマで教育と執筆の活動を開始したことによって、後代の歴史家が「新プラトン主義」と呼ぶ一連の思想的運動が動き出したのだ。そして新プラトン主義は、ローマとアレクサンドリアをはじめとした西欧世界において六世紀まで支配的な哲学となる。

プロティノスはあくまでプラトンの徒である。彼にとって真理はプラトンの著作のうちに語られている。アリストテレスはプラトンの理解に資するかぎりで受け入れられ、そうではない部分はときに批判の対象となる。

ところが、プロティノスの著作を編纂した弟子のポルピュリオス(二三四頃―三〇五頃)になると、アリストテレスの哲学、とりわけカテゴリーの理論を積極的に受容するようになる。ポルピュリオスは、『カテゴリー論』をプラトン哲学の学習のためにふさわしい出発点として位置づけ、そこへと学習者を導くために『カテゴリー論』の註解を書いた。いわゆる新プラトン主義者のなかでアリストテレスの著作に最初に註解をおこなったのもポルピュリオスである。ポルピュリオスのこうした仕事は、『カテゴリー論』を含むアリストテレスの論理学的著作の理解にきわめて大きな影響を及ぼした

プラトンとアリストテレスの思想的調和

しかしアリストテレスの受容の歴史においてポルピュリオスの果たした役割は、個々の著作の理解に対する影響にとどまらない。彼は、プラトンとアリストテレスとが思想的に対立せず調和的な関係にあるという考えをはっきりと表明したのだ。ポルピュリオスによれば、アリストテレスの著作は、プラトン哲学を理解するという彼らの目標を達成するために必要な梯子なのである。新プラトン主義者たちは、この考えにもとづいて、アリストテレスの著作を読み論じるうえで必要な項目を事細かく規定した。アリストテレスの読解は、制度化された哲学の教育プログラムの中心に位置づけられたのである。

ポルピュリオスの後に続く新プラトン主義者たちの多くも、このプラトンとアリストテレスとの思想的調和という想定のもとで、アリストテレスを読み、その著作について多くの註解を著した。失われたものも少なくないが、それでも現在までかなりの量の註解が伝えられている。プラトンとアリストテレスとが思想的に一致し調和する、という想定は、現代の読者にはもはや受け入れることがむずかしいであろう。この人びとのアリストテレスの読み方がしばしばひどい無理を犯していることは、その困難を示しているとも言える。たとえば、プラトンのイデア論と、アリストテレスの経験的世界に内在する形相（エイドス）との対比を考えれば、その調和の困難は容易に推測できる。より重要な対立は、魂が非受動的であるという教説を新プラトン主義者たちが掲げたことだろう。これは、少なくとも公式的には、アリストテレスの哲学と根本的に対立する主張である。アリストテレスにとって魂は、経験される世界の多種多様な作用を受容することを通じて活動し、生命の維持から知的な活動までを営む存在である。これに対して新プラトン主義者の基本的立場によれば、魂が感覚される物体的世界からの作用を受けることは否定される。魂のはたらきの源泉は経験的世界ではなく、むしろ一者を頂点として階層をかたちづくる非経験的な世界にあった。

しかし新プラトン主義が三世紀ほどの間哲学の世界で支配的な役割を果たしたため、プラトンとの調和をはかるために腐心した彼らのアリストテレス解釈は、その後の哲学の動向の全体に対して大きな影響を与える。イスラムの哲学者たちをはじめとして、スコラ哲学者や、ルネサンスの思想家たち、そしてドイツの観念論者たちにその影響は顕著である。

4　諸言語への翻訳

ギリシア語のアリストテレスの衰退

このような新プラトン主義者の活動に対して、六世紀の前半に一つの終止符が打たれる。五二九年ローマ皇帝ユスティニアヌスが、新プラトン主義者たちの拠点だったプラトンの学園アカデメイアの閉鎖を命じたのだ。そしてこの六世紀に、アリストテレスの受容は、こうした社会的制度的な変化に加えて、思想的にもテキスト伝承のうえでも大きな転機を迎えることになる。

それまでもキリスト教思想とアリストテレス哲学は、しばしば軋轢を生んできた。だが、アカデメイアの閉鎖によってキリスト教からの圧力が顕在化したこの時期には、アリストテレスに対する批判も、いっそう深刻なものとなっている。象徴的なのは、アリストテレスの主要な註解者の一人であったピロポノスが、キリスト教の立場からアリストテレスの世界の永遠性という主張への批判を展開したことだろう。このような批判自体は、ピロポノスに独自なものではない。しかし、その著作の一言一句にこだわって長い註解を著していた者が、アリストテレスの重要な教説に反旗を翻したことは画期的な意義をもつだろう。アリストテレスの著作は、プラトンが体現する真理へと至ることが保証された道標ではなく、学ぶに値するが誤りを犯しうる哲学者が記した書き物となったのである。

ラテン語への翻訳

他方この時代には、アリストテレスを伝えようとする側も、ある種の変化を求められていた。六世紀頃までは、ラテン語を使用したローマ世界においても、アリストテレスはギリシア語で読まれてきた。だが、もはやこのバイリンガルな知的風土は衰退しつつあり、アリストテレスがそうした状況のなかでさらに生き延びるためには、ラテン語に翻訳される必要があった。それを試みたのが、哲学者ボエティウス(四八〇?—五二六?)である。けれどもその事業は、アリストテレスの論理学的著作群を訳しただけで、ボエティウスが獄中で死を迎えたために、途中で断たれてしまう。翻訳されたもののなかでは「著作集」の最初に来る『カテゴリー論』と『命題論』が、一二世紀以前に西欧世界で読まれたラテン語のアリストテレスのほとんどすべてとなった。アンドロニコスによる著作の配列は、彼も予期せぬ仕方で、アリストテレスの影響を限定することになったのである。

オリエントのアリストテレス

しかしギリシア語とラテン語による伝承が、アリストテレスのテキストの歴史のすべてではない。彼の著作は、さまざまな地域でそれぞれの言語にかたちを変えて伝えられ、その受容は哲学活動の中心となった。

ギリシア語およびラテン語による伝承のプロセスが見通しにくくなる六世紀のころから、アリストテレスの著作はラテン語以外の言語へと移植され始めていた。たとえば、六世紀から九世紀にかけて、アリストテレスの多くの著作がシリア語に翻訳されている。レーシュアイナーのセルギオス(?—五三六)は『カテゴリー論』をはじめとする論理学的著作についての論考によって、シリア語の世界にアリストテレスを紹介した。セルギオスも、ボエティウスと同じく、アリストテレスの全著作を翻訳することを計画したらしい。しかし、この点でもボエティウスの場合と似通っているが、こんにちまで伝えられるセルギオスの書は、論理学関係の書物がほとんどである。同じく六世紀のころにシリア語に訳されたと推定されるのが『カテゴリー論』『命題論』『分析論前書』(第一巻前半)などであり、やはり「論理学」関係書である。ここでも、アンドロニコスが「論理学」関係書を「アリストテレス著作集」の最初に置いたことが、それだけが翻訳されるというかたちでアリストテレスの受容を規制することになったと言えるだろう。

アラビアのプロティノス

八世紀になると、さらに東方地域でアリストテレスの受容が進行する。アリストテレスはアラビア語によって翻訳され研究されるようになった。アリストテレスの論理学関係書のシリア語による翻訳と研究にも依拠しながら、八世紀には論理学関係の書と『自然学』がアラビア語に訳された。さらに九世紀には哲学者キンディ（八〇〇頃―八七〇頃）を中心としたサークルにおいて、アリストテレスの翻訳と註解の活動が本格化し、『形而上学』および『天界について』『気象論』『動物の発生について』『動物の諸部分について』などがアラビア語に訳される。

翻訳される著作の増大は歓迎すべきことであるが、別の意味で、このサークルはアリストテレスの受容に重大な方向づけをおこなった。このサークルのなかでプロティノスの書『エンネアデス』の後半に大きく依拠した書が訳されるが、それが『アリストテレスの神学』という名で広く流布することになるからである。このためアリストテレスの哲学はより直接的に新プラトン主義と融合させられることになる。引き続く時代には、他のアリストテレスの著作もアレクサンドロスらの註解もシリア語を経由して翻訳されていく。これらを参照しつつ、九―一〇世紀には、ファーラービー(八七〇頃―九五〇頃)がとりわけアリストテレスの論理学にもとづいて本格的な哲学体系を構想し、一一世紀にはイブン・スィーナー(アヴィケンナ　九八〇―一〇三七)が、ときにはアリストテレスと対決しながら、独自の重要な思考の途を切り開いてゆく。こうしたイスラームにおけるアリストテレス受容の重要性と西洋中世哲学への影響を最も雄弁に物語るのは、イブン・ルシュド(アヴェロエス　一一二六―一一九八)が『アリストテレス「魂について」大註解』のなかで展開した知性をめぐる考察、そしてそれに対する多くの反応である。

ラテン語のアリストテレス

すでに述べたように、一二世紀以前に流通していたことがはっきりと確認できるアリストテレスのラテン語訳は、六世紀の哲学者ボエティウスの手による『カテゴリー論』と『命題論』の訳である。その著作の半ばを占める自然学、なかでも動物に関する論考も、いわゆる形而上学やまた倫理学・政治学の著作もラテン語では読めなかったのである。

顕著な変化は一二世紀に訪れる。「一二世紀ルネサンス」とも呼ばれるように、この世紀の西欧では、さまざまなかたちで思想や文化が活性化するが、アリストテレスの著作のラテン語への翻訳は、そうした新たな動向の一端を担っていた。まずこの世紀の前半には、ボエティウスが訳した論理学的著作のうちで見失われていた『分析論前書』(第一巻一七章まで)、『トポス論』『ソフィスト的論駁について』の訳が再発見され、また半ばまでにヴェネツィアのヤコブ(Iacobus Veneticus)が、『自然学』『魂について』『形而上学』の一部などの重要著作を翻訳すると、ラテン語への移植は加速度的に進行し、この世紀の終わりまでにはアリストテレスの著作のほとんどすべてが——最初はアラビア語経由で、しかしまもなくギリシア語からも——ラテン語へと翻訳される。アリストテレスの受容が本格化するのは次の世紀を待たねばならないとしても、こうした事実は、当時のアリストテレスに対する関心の強さと広まりを物語る。

一三世紀の半ばには、パリ大学で自然学や形而上学についての講義が認められており、さらに一三世紀の後半にモルベカのグィレルムス(メルベケのギョーム)らがアリストテレスのギリシア語に忠実なラテン語訳を次々と作成し、その全貌をより正確に示した。そしてアルベルトゥス・マグヌス(一二〇〇頃—一二八〇)やトマス・アクィナス(一二二五頃—一二七四)が、アリストテレスがキリスト教を否定するものでなく、むしろそれを補い豊かにするものであることをそれぞれの仕方で示すことによって、アリストテレスはスコラ哲学の内にほぼ全面的に受容されるに至る。アリストテレスの思考ないし著作の全体にまで関心は拡がり、動物学についてもようやくアルベルトゥス・マグヌスらに注目される。

5　ルネサンス期のアリストテレス

一四世紀から一六世紀にかけて、イタリア半島を中心にルネサンスと呼ばれる文化的な運動が展開する。この時期こそアリストテレスへと最も注目が集まった時代であると言ってもよい。すでに述べたように、この時期に書かれたアリストテレスへの註解は何千という莫大な量にのぼり、印刷術の発明から一六〇〇年までの間にアリストテレスの著作の刊本は三千を超える。その背景には、印刷術という技術的な進歩のほかに、大学などの高等教育機関の量的な増大、そしてそこでのアリストテレスに対する強い需要が挙げられるだろう。いぜんとしてアリストテレスは、論理学や哲学、さらには自然科学を学ぶためにふさわしい教材だったのだ。

しかもたんに量的に拡大したわけではなく、質的にもアリストテレスの研究は大きく進化した。ルネサンスの人文主義の特質である文献学的知見は、アリストテレスの読解にも影響を及ぼしている。ビザンツ帝国からイタリアへのギリシア文献学者たちの流入も加勢して、新たにテキストの校訂や翻訳などが試みられるとともに、註解や解釈に厳密さが求められるようになった。

一五世紀末のヴェネツィアで、アリストテレスのテキストが筆写ではなくはじめて印刷され刊行される（最初の出版は一四九五年の論理学関係の書）。この刊本は、アルド・マヌーツィオ（一四五〇頃—一五一五）がヴェネツィアに設立した印刷所から印刷・刊行されたのでアルド版（editio Aldina）と呼ばれ、ギリシア語で書かれた散文のテキストとしては最初の印刷による出版であった。こうした時期のアリストテレス研究の中心は、オクスフォードやパリと並んで、ルネサンスの中心であったイタリアであり、とりわけパドヴァ大学からは多くのアリストテレス研究者が輩出する。

しかしアリストテレスの影響は、一六世紀から一七世紀にかけて、地域的にさらに大きな拡がりをみせる。とくにスペインでは、イエズス会士のフランシスコ・スアレス（一五四八—一六一七）らによってすぐれたアリストテレスの研究や受容がおこなわれた。スアレスがアリストテレスの『形而上学』を註解するうえで、ギリシア語のテキストに通じているほかに、少なくとも四種類のラテン語訳のテキストを参照し比較考量していることは、この時代のアリストテレス研究のあり方を例証するものだろう。またポルトガルでは、中部の都市コインブラにおいて同じくイエズス会士たちによって、『自然学』『天界について』『魂について』などについて、ラテン語訳にすぐれた註解が付された書物が編まれる。

ルネサンスは、アリストテレスのルネサンスの時代でもあったのだ。アリストテレスがより本来的な姿を現わすとともに、キリスト教との離反も明確となっていくのである。

中国と日本での受容

時代がここまで来ると、はるか彼方の極東に位置する国も無関係ではなくなっている。コインブラからはイエズス会士たちがアジアへと派遣され、そのうちの一人フランシスコ・フルタド(Francisco Furtado 一五八七―一六五三)との協力の下で李之藻(Zhizao Li 一五六五/七一―一六三〇)は、アリストテレスの『天界について』の中国語訳を一六二八年に刊行し、さらにアリストテレスの『カテゴリー論』のラテン語からの翻訳を含む註解を中国語に翻訳し、『名理探』としてその翌年に刊行する。

そしてアリストテレスの旅路は、ついに日本にも及ぶ。コインブラで学び、そのコレジオで嘱望された教師でもあったペドロ・ゴメス(一五三五―一六〇〇)は、一五八三年に日本を訪問し、豊後の国で活躍した。同年一〇月二一日には、彼の監督の下で日本で最初の正式な哲学課程が開始される。さらにゴメスは、哲学と神学に関する日本独自の『講義要綱(Compendia)』を一五九三年に完成、翌年にはその日本語版がつくられたが、これはアリストテレスの魂論と天界論の概要をある程度まで伝えるものだった。天正遣欧少年使節の一員だった伊東マンショも、天草のコレジオでゴメスの『講義要綱』を学んでいたと伝えられる。

この経験が、日本の人びととアリストテレス哲学との最初の本格的な遭遇である。あのフランシスコ・ザビエルも、パリ大学のコレージュでアリストテレスを学び、教えていた人物だった。

6　論敵としてのアリストテレス

一七世紀に至ると、ついに知的世界におけるアリストテレスの支配的な地位は失われ、アリストテレスへの批判はさまざまな分野で顕在化する。

そのうちの最重要なものの一つは、デカルトによる新たな哲学の原理の「発見」である。この経緯については第Ⅳ章で詳しく紹介したとおりであり、アリストテレスは重要な批判対象となる。

さらにデカルトは、自らが発見した新たな知の出発点から、自然の機械論的な説明を提示した。こうして、動植物から人間までの生あるものをこの世界内の基本的存在と考え、その原理を魂に求めるアリストテレスの世界観は、根本から否定されたのである。デカルトに続くホッブズの機械論的な唯物論、あるいはガッサンディの原子論などは、相互に対立するものの、アリストテレス的な世界像を否定する点では、軌を一にする。

人間の社会についての考え方についても、アリストテレスは厳しく批判される。なかでもホッブズの批判は、アリストテレスとある出発点を共有しながら、大きく別の方向へと思考を展開している点で興味深い。ホッブズは、本書でもとりあげた、「人間は、自然本性によってポリス的動物である」ことを論じるアリストテレスの議論に言及し、ハチやアリなどの動物が互いに親しく生きる(live sociably one with another)こと、他方で人間が言語と理性をそなえていることをアリストテレスとともに認める。しかしそこからホッブズが立てる問いは、「理性も言葉ももつ人間という動物に、なぜハチやアリと同じことができないのか」ということだった。ホッブズはこの問いに対して、人間の競争的傾向、他者に優越しようとする性格を指摘する。言語についても、アリストテレスにとっては、善と悪、正と不正の共有を可能としポリスの形成の根拠となるのに対して、ホッブズは、言語が善をあたかも悪のごとく、悪をあたかも善のごとくに示すよう機能し、人びとを欺き混乱させると主張する。ホッブズによれば、動物の和合(agreement)は自然のものであるが、人間のそれは契約のうえに成立し、人為的なものである。したがって、その和合を恒常的・永続的にするためには、人びとを恐れさせると同時に人びとを共通の利益を求めるように導きもする公共的権力(common power)が必要となる――。

共同体という存在に自然的性格を認めるアリストテレスと契約的性格を主張するホッブズ、人間の自然本性をポリス的共同体の形成に求めるアリストテレスと自己の欲求実現のために他者を服従させることにみてとるホッブズ。アリストテレスのポリスが市民の共同性そのものであるのに対して、ホッブズが主張するのは、人びととは独立の権力をそなえるコモン・ウェルスという根本的に性格を異にする政治組織である。

ホッブズがアリストテレスに対して最大級の悪罵(第II章扉のエピグラフ参照)を投げかけるのもうなずける、鮮やかな対立である。

近代におけるアリストテレスへの関心

こうしてアリストテレスの哲学に向けて葬送の序曲が多くの分野で奏で始められる。だがその死へと至る道程は緩慢なものだった。というよりも、完全な死に至る前に、アリストテレスはあちこちで、少しずつ活力を取り戻している。たとえばイタリアのアリストテレス研究の富を受け継いだヴィーコ(一六六八―一七四四)は、デカルトの世界観を批判し、アリストテレスの『トポス論』や『弁論術』、あるいは倫理学に通ずるかたちで「新しい学」を提唱している。

さらに一九世紀にかけて、アリストテレスへの関心は、批判とともに、さまざまなかたちで顕著となっている。ほとんどの主要な哲学者に、アリストテレスからの影響、あるいはアリストテレスに対する反応や批判を、何らかのかたちで読みとることが可能であろうし、またすでにそれぞれの哲学者とアリストテレスとの関係について、資料にもとづいた詳細な研究から連想ゲーム的な貼り合わせまで、多くの研究が積みかさねられている。ここでは、受容史という観点から興味深い二、三の例に言及するにとどめる。

アリストテレスは、ヘーゲルには恩義がある。一九世紀において、アリストテレスが(再)注目されるうえで最も影響力のあった一人だからである。第一に、ヘーゲルが哲学の歴史を重要視したことが、一九世紀のドイツにおける哲学史研究の隆盛を確実に促した。またヘーゲル自身が、青年時代に『魂について』第三巻第四章、第五章という知性およびはたらきかける知性(いわゆる能動知性)を論じた章の翻訳を自ら試みており、さらに『エンチュクロペディー』の掉尾という彼の哲学の頂点に、アリストテレス『形而上学』第一二(Λ)巻の「思惟の思惟」と訳されることの多い「ノエーシス・ノエーセオース」という言葉を掲げるに至る。ヘーゲルは、ヌース(知性)の活動としてのノエーシス(知解活動)、とりわけその主体と対象との関係や統一に深い関心を寄せ、それが絶対精神のあり方へと通ずると考えていたのだろう。ヘーゲルが注目したどちらの箇所も、アリストテレスの哲学のなかでも難解かつ曖昧な議論なので、独自の仕方での読み込みも許容されるかもしれない。ただし、アリストテレスの神的知性が(第V章で言及した意味において)それ自体としては自己完結的活動のみをおこなういわばきわめて希薄な存在であるのに対して、ヘーゲルの解釈は新プラトン主義的な一者の概念が重ねられたかのように、あまりに内実が豊かである。

英国におけるはじめての社会主義政党——ウィリアム・モリスらも参加していた——の党首がその印象を尋ねられて「一九世紀のアリストテレス」と呼んだのは、このヘーゲルから学び、そして批判したカール・マルクスである。この言葉は印象批評にすぎないが、しかしたとえば『経済学批判』および『経済学批判要綱』では、アリストテレスの『政治学』第一巻第八章—第一〇章および『ニコマコス倫理学』第五巻について、自身で一部を翻訳したりしながら独自の読解を試みており、その仕事が『資本論』の第一章から第四章までの考察の基礎となっていることはよく知られている。しかし、近年の多くの研究が論じているように、両者の関係はより根が深い。また、マルクスがそのように読んだことにもとづいて、マルクスが注目した箇所で、アリストテレスが古代の文献では例外的に、経済学的と呼びうる分析をあえておこなっていることの意義を——このあとに触れる徳倫理学や共同体主義とは異なる方向からの思考として——考えることができるだろう。

他方で、マルクスとは別の意味でヘーゲルをはじめとしたドイツ観念論に不満足だったフランツ・ブレンターノは、アリストテレスの魂論と存在論のそれぞれについて卓抜した研究を著した。前者の『経験的立場からの心理学』では、アリストテレスの知覚理論に、現代における志向性の概念の源泉となった「志向的内在」の概念がすでに先取りされていることを強調する。ブレンターノに学んだフッサールは、この志向性の概念に現象学全体を包括する問題を見出した。後者の『アリストテレスにおける存在するものの多様な意味について』は、フッサールに学んだハイデガーを存在への問いへと導く。ハイデガーのアリストテレスに対する並々ならぬ関心は、「ナトルプ報告」と呼ばれる文書やさまざまな講義録の公開により、近年ますます明確になってきている。その古代のテキストのきわめて独特の読解法は、古代哲学の研究者たちから、ほとんどの場合は無視され、たまに酷評されるというのが実情であるけれども。

フランスでは、フェリックス・ラヴェッソンが『アリストテレス形而上学に関する試論』を公刊した。その解釈には彼の主著『習慣論』をすでに準備する論点が含まれており、どちらの考察にも性向（ヘクシス）や力能（デュナミス）について、次に述べる現代の徳倫理学者やネオアリストテリアンの形而上学者たちが関心をもちそうな議論がちりばめられている。

7　現代のアリストテレス

いまもアリストテレスは、次々と現代の言語へと翻訳され、読まれている。伝承された業績が多分野にわたっているために、哲学としてだけでなく、科学史から政治学さらには文芸論に至るまで、その読まれ方はきわめて多様である。狭義の哲学の分野にかぎっても、アリストテレスの基本的立場の解釈と評価は、論者の間でしばしば大きく分かれている。

しかし俯瞰的にみるなら、そこには、近代哲学の基本的な考え方への反省にもとづくアリストテレスへの注目という、大きな方向性をみてとることができるだろう。歴史的に見て、近代の多くの支配的思想は、アリストテレスを否定することを通じて、その基本的な立場を確保した。形而上学においても、心の哲学においても、そして倫理学においても、アリストテレスは敵役を果たした。しかし、そのそれぞれの分野において、近代的な思考は見直しや反省が迫られてきた。そのなかで否定の否定が肯定に転ずるように、近代的なものの見方とは別の仕方で考えるための手がかりを提供しているのがアリストテレスである。この点については、本書のなかでもそれぞれの主題に関係させてしばしば触れてきた。

若干の復習を兼ねて、本書で触れてきた順にふりかえるなら、倫理学におけるアリストテレスの目覚ましい復活も、近代的な倫理学説への反省を契機としていた。その一つである「徳倫理学」(virtue ethics)がアリストテレスを源泉として一つの有力な倫理的見方としての地位を確保していることは、第II章で触れたので繰り返さないが、その展開過程のなかで、ジョン・マクダウェル、ロザリンド・ハーストハウス、マーサ・ヌスバウムなどの主導的な論者たちが、実際にアリストテレスの倫理学的著作を参照し使用しながら考察を進めていることは、強調されてよいだろう。

ただし、アリストテレスの倫理学は、政治哲学でもあることを忘れてはならない。そうした観点からもまた、アリストテレスの政治哲学は注目を浴びている。この分野でアリストテレス主義と呼びうる立場としてしばしば挙げられるのは、共同体主義(communitarianism)と潜在能力(capability)からのアプローチである。前者を代表する論者とされるアラスデア・マッキンタイアやチャールズ・テイラー、マイケル・サンデルらは、ジョン・ロールズに代表される自由主義的で契約主義的な理論を批判し、自覚的にアリストテレスを参照しつつ論陣を張っている。ジョン・ロールズの政治哲学の人間観あるいは自己(self)の理解を「負荷なき自己」と特徴づけて批判するサンデルの議論は、そのよくできた授業の中継を通じてすっかり有名になった。しかし最もアリストテレスの主張に近いかたちで考察を展開しているのは、チャールズ・テイラーかもしれない。彼は「人間は、自然本性によってポリス的動物である」というアリストテレスの規定を参照しつつ、「自己」を形成する言語の役割に着目して人間の本質的な共同体的・社会的性格を強調する。

この関連においては、別の思想的伝統に属するジョルジョ・アガンベンが、同じく「ポリス的動物」としての人間の規定を手がかりに、生物的な生としてのゾーエーと社会的な生の形式であるビオスとの区別と関係を論じていることに注意してよいだろう。

心の哲学におけるアリストテレスへの参照も、さまざまな変遷を経ながら続いている。その最初の動向は、デカルトによる心身の二元論への批判からアリストテレス的な一元論への注目というかたちで現われる。しかし、それはまだ、比較的表層のレベルでの見方の変化だった。なぜなら、この一元論的な見方は、多くの場合、現代哲学における最も有力な立場の一つである自然主義(naturalism)と手を携えているからだ。自然主義とは、基本的に、人間の心のはたらきや行為、そして倫理を含む世界のあり方が、自然科学的に説明されうるとする立場である。問題は、アリストテレスがこの意味での自然主義といかなる関係にあるかということだ。

アリストテレスの魂の探究が、現在の自然科学や心理学と共通する部分が多いことはたしかである。じっさい、彼の魂についての考察は自然学の一部であり、とりわけ動物についての生物学的研究に先立つ原論的役割を果たしていた。記憶や想起、睡眠や夢について半ば実証的な探究もおこなっている。「心理学」という言葉の語源であるラテン語の psychologia は、一六世紀後半のドイツにおいて、アリストテレスの自然学としての魂の研究をいわば雛形としてつくられ、流通するようになった言葉である。

しかしアリストテレスに好意的な哲学者の多くは、アリストテレスを、哲学上の自然主義に対して批判的な論者として位置づけている。アリストテレスは、自然科学的な探究とその知見を尊重するだろうが、しかし自然主義のように、自然科学によって世界と人間とがおおよそ理解できるとは考えそうもないからだ。

たとえば、アリストテレスの哲学や倫理学について、専門的にもすぐれた研究を残している現代哲学の研究者たち、たとえばデイヴィッド・ウィギンズやマクダウェルといった人びとがそうである。とりわけマクダウェルは、人間のもつ自然本性(nature)について、自然科学による理解の仕方が自然についての理解のすべてであるという科学主義的な圧力からアリストテレスは無垢で自由であると考え、自然をそれとは異なった仕方で考える哲学者としてその著作を参照する。米国の哲学者ヒラリー・パトナムも、その影響を受けつつ、「ウィトゲンシュタイン後のアリストテレス」を論じ、「アリストテレスの復帰」――アリストテレスへの回帰でなく――の必要性を説く。彼は、脳科学や認知科学の知見に影響されて、心についての日常の理解や言語使用を否認するような哲学的傾向に抵抗し、そこから脱する思考を「熟慮のうえでの素朴さ」と呼び、その可能性をアリストテレスにみてとるのである。

新しいアリストテレス主義

さらに、いわゆる形而上学の領域では、より積極的にアリストテレスの見解を現代的なかたちで主張し、ときとしてみずからアリストテレス主義者であることを名乗る論者たちが登場している。この論者たちが注目するのは、アリストテレスにとっては現実の世界のさまざまな事象の基本的なあり方を示す本質や力能（デュナミス）といった概念である。これらの概念は、必然性と可能性の概念（様相的概念）と切り離せない。たとえば、「本質」のわかりやすい説明によれば、ある事物の本質とはその事物が必然的にもつ性質である。しかし、やはり近代においては、本質や力能といったものが世界のなかに実在するという見解には、疑いの目が向けられてきた。哲学の分野で言えば、ヒュームのようにそもそも必然性は「心による決定」だとする立場に従うなら、それはわれわれの考え方の習性といったものにとどまり、その実在性は否定されるだろう。

二〇世紀後半になって必然性について何らかの意味での実在性を認める立場をとる哲学者たちが多く登場する。しかしそうした論者たちも、本質や力能については冷ややかな目で見るか、あるいは先にあげた本質の説明のように、可能性と必然性に訴えて、そうした概念を説明できると考えてきた。これに対して新しいアリストテレス主義者たちは、本質(essence)や傾向性(disposition)、潜在特性(potentiality)、力(power)などを個々の事物の現実の(actual)あり方として認め、そうした世界のあり方にもとづいて、実在する可能性や必然性を説明しようとする。赤い色は赤く見えることができるという力を有する性質であり、人間は考えることができる動物である。むしろ可能性こそが、こうした力や潜在的特性にもとづいて説明されるのである。また、多くの自然的事物には水にとってH_2Oであることのように本質が存在し、必然性はそれぞれのものの本質に根拠づけられる。——いま直観的に表現したこうした見解を、この論者たちは、より精密に展開している。

アリストテレスの記述的哲学

しかし理論や教説の親近性よりも、アリストテレス的精神の継承の一つの事例を見ることによってこの歴史的な回顧を締めくくりたい。

第Ⅴ章でみたように、形而上学という知は、アリストテレスに源泉がある。しかし二〇世紀の初めに、この知は、哲学者たちから激しい攻撃を受けた。論理実証主義者と呼ばれる人びとは、「ウィーン・サークル　科学的な世界把握」というマニフェストを発表したが、その基本となったのは、「形而上学から自由となった科学」の推進である。その運動の中心にいたルドルフ・カルナップは、「言語の論理分析による形而上学の消去」という論文を発表する。

この風潮は英語圏のなかでしばらくの間強い影響をもったが、そのなかで英国の哲学者ストローソンは「記述的形而上学」という構想を掲げる。彼はいわゆる「形而上学」を「記述的形而上学」(descriptive philosophy)と「改訂的形而上学」(revisionary philosophy)の二つの種類に分類した。記述的な形而上学は世界についてのわれわれの思考の実際の構造を記述することで満足するが、改訂的な形而上学はいっそうよい構造を生み出すことに関心をもつものである。ストローソンによれば、形而上学はこれまで記述的な性格である場合よりも改訂的な性格であることが多く、たとえばデカルトやライプニッツ、バークリーは改訂的であったが、アリストテレスとカントは記述的である。

この特徴づけは、これまでに見てきたアリストテレスの形而上学、さらには哲学全体の基本的性格を表わしていると思う。アリストテレスは、探究の一般的枠組がそうであるように、われわれが現に受けいれていたり了解していると考えている事柄から出発し、それにもとづいて、それが精確にはどのようなものであるかを明らかにしようとしたからだ。

事柄に注意深く目を凝らし、世界のあり方とそれについてのわれわれの思考の基礎構造を的確にかつ厳密に言い表わそうとすること——こうしたアリストテレスの試みは、記述的と呼ぶにふさわしい。それは、さまざまな改訂的な試みよりも、野心的である。そしていまでもアリストテレスの諸概念が使用され、彼の議論が参照され続けていることは、アリストテレスの分析が、「世界についてのわれわれのじっさいの思考の構造」をかなりの程度まで的確にとらえていたことを証している。

アリストテレスの哲学は、しかし、ストローソンの記述的形而上学の構想と決定的に重要な点で異なる。ストローソンの記述と分析は、「世界についての」と断ってはいるが、結局「われわれの思考の構造」の分析であり、最終的に世界のあり方についての分析にまで及んでいるとは言いがたい(ストローソンもそのことを自覚しており、彼は最終的にはカント主義者だったのだろう)。他方で、すでにみてきたように、アリストテレスにおいては、われわれの思考は、いわばはじめから世界に届いている。アリストテレスにとって、考え理解するとは、むしろじっさいの世界のあり方との共同作業である。それゆえ思考の基礎構造の分析は世界の解明でもあった。そしてまた、自然と社会をじっさいに調べて考えることは、人間の思考と知のあり方を明らかにすることでもあったのだ。

もちろんアリストテレスにも、思考を、そして現実を「よりよい構造」へと改訂し変革する希望がなかったわけではない。しかし、それは現実の認識を深め、そのなかに潜在する変革への力(デュナミス)を見出しそれと共同ないしは共働することではじめて実現される(エネルゲイアとなる)ことを、彼は深く自覚していたのである。

あとがき

人生にも歴史にも、そして観念や思想の連なりにみえる哲学の歴史にも、幸運と不運がある。われわれが手にできるアリストテレスの著作が、広く読まれることを意図して編集されたものではなく、狭い範囲の聴講者を相手にした講義ノートのたぐいであることも、そうだろう。伝えられた著作は読みやすいとは言えず、アリストテレスの哲学がむずかしいと受けとめられる一因ともなった。しかしこの伝承は、アリストテレスにとって幸運だったと思う。論述は洗練されていないが、考察の筋道が詳細に記されているからだ。

たしかにアリストテレスの哲学は、やさしいとは言えないかもしれない。しかし、それは日常の言葉や通念、そしてさまざまな観察や調査から出発し、論証というかたちの、論拠と論理にもとづくことを目指した知である。この点では、他の学問や知識とかわらない。そしてどんな学問でも、よく理解することは、そんなにたやすくはない。

もしもアリストテレスの哲学に独自のむずかしさがあるとすれば、その理由は、なによりその主題の性格にあるだろう。自然や幸福、そして「ある」といった、基本的で一般的な言葉や概念を注意深く分析して考察を積み重ねるのだから、そう簡単な議論で終わるはずはない。しかしその論拠と主張をていねいに追うなら、アリストテレスのヴィジョンは見えてくる。そして、このきわめて真っ当な行程をたどる探究が哲学の基本的なかたちとなったことは、まぎれもない歴史的事実である。

哲学と呼ばれる営みのなかには、あえて理詰めの議論を避けたり新奇な概念を連ねたりしている——すくなくともそうみえる——ものもある。そうしたスタイルをとるのには、それぞれに理由があるだろうが、この種の試みの意義(ないし無意義)を理解するためにも、アリストテレスを範とする哲学のコアの部分にあるものを知る必要があるだろう。

おそらく、アリストテレスの議論がよりむずかしく感じられるのは、その議論をたどるうえで、自分自身のもっている暗黙の見方が抵抗をうけ、変更を迫られるときである。さすがに二千三百年以上の時を超えて対面するのだから、ときには考え方のかなり深い部分での相違にも気づかされる。そうした場合に、アリストテレスに即してかんがえてみることは、いままで使ってこなかった感覚を蘇らせるような刺激的な経験である。本書が、アリストテレス独自のこの「思考の方向感覚」を少しでも伝えられたらうれしい。

最後に個人的なことを一つ。本書が出るころに、私は長く勤めた職場を退職する。生活に一つの区切りをつけるにあたって、自分の過去を振り返ることをしない私でも、さすがに感慨めいたものが去来するようになった。私にとっての幸運は、講義や演習を通じて学生さんたちと一緒に読んだり議論したりできたこと、そして多くの方々のおかげでそのことが可能であったことである。そのことに対する感謝のしるしとして何かを書き残したい、そしてこんどは、大学の教室を出て、学んだことをわかりやすいかたちにして提供し、より多くの人びとと共有したい、という想いに至った。

学生時代から学んできた二人の哲学者のうちで、プラトンについては少し前に入門書を書いたので、本書の主題にアリストテレスを選ぶことに迷いはなかった。だが思い立った時期が遅かったため、時間的な制約のなかで、とりあえず私自身が重要でおもしろいと思うところについて書き進めることにした。その結果は、アリストテレスのなかでも、理解がむずかしく解釈も分かれて論争となっている箇所をあえて選んで書くことになってしまったし、紹介するアリストテレスは一般に解説されているものと少し異なるかもしれない(また、紙数の制約から、『詩学』や『弁論術』を扱うことができなかったのは残念である)。それでも、アリストテレスの哲学の基本は本書で紹介したあたりにあると信じている。

執筆している過程で、私も編者の一人である新しい『アリストテレス全集』をよく参照した。議論の関係でそのまま引用してはいないが、翻訳や解説はどれも参考になった。本書の読者がアリストテレスはじっさいにはどのように論じているのかをのぞいてみようと思ったとき、信頼できる日本語訳と充実した解説があるのは、とても心強い。新しい全集を刊行できてよかったと実感している。訳者の方々のお仕事に、あらためて敬意を表したい。

原稿の校正では、京都大学西洋古代哲学史研究室の山田雄介さん、辻野真美さん、畑中優月さんにお世話になった。ほんとうにありがとう。

最後であるがけっして最小ではない幸運は、岩波書店の押田連さんに今回もお世話になったことである。最初に、アリストテレスの考えをそのまま語ったところで現代の読者は受け入れられないことに気づかせていただき、また最後には、アリストテレスの著作と同様の講義用草稿の状態に終わりそうなところを、本のかたちにするために献身的にご尽力をいただいた。心より感謝申しあげます。

二〇二三年二月

中畑正志

アリストテレス略年譜

＊その生涯は3つの時期に分けることができる

前384年　スタゲイラに生まれる

父はニコマコス，母はパイスティス．父の家系は医術の祖とされるアスクレピオスにまで遡ることができるとされる．父はマケドニア王アミュンタスの侍医にして友人であった．

アリストテレスには夭折した兄アリムネストスと姉アリムネステがいた．アリムネステは，アタルネオスの人プロクセノスに嫁ぎ，プロクセノスが両親を早く失ったアリストテレスの後見人となって彼を養育したと伝えられる．

修業時代　367–347年

367年　プラトンのアカデメイアに入門する

アリストテレスがこの学園に入学したこの年は，プラトンがシュラクサイの愛弟子ディオンに招かれてシケリアへ渡航した年(第2回シケリア旅行)でもあり，アリストテレスの入学時には不在だった．しかしアリストテレスにとっては幸いなことに，プラトンはその目的を果たさず，まもなく帰還する．

失われた対話篇，また対話問答にかかわる『トポス論』『ソフィスト的論駁について』などは，アカデメイアでの対話や教育にもとづく考察と推定されている．

遍歴時代　347–335年

347年　プラトン死亡

アリストテレスは学園を去り，潜主ヘルミアス(ヘルメイアス)の招聘に応じて小アジアのアッソスに向かう．

ヘルミアスは345年にペルシアの手に落ち処刑される．アリストテレスはヘルミアスの死を悼んで，彼の徳を讃える詩を奏し

た．またヘルミアスの娘ないし妹のピュティアスと結婚する．

レスボス島ミュティレネに滞在　おそらくこのころ友人で弟子のテオプラストスと出会う

動物学関係の著作にこの周辺の生物が多く言及されるのは，この滞在時の調査研究が生かされていることを示している．

342年　ピリッポス2世の招聘に応じてマケドニアに行く
ピリッポス2世の子，アレクサンドロスの家庭教師となる

知の巨人と天才的武将との出会いはわれわれの想像を駆り立てずにはおかないが，現在残された資料から判断するかぎりでは，そこに劇的な何かを見出すことは困難である．ただしこののちアリストテレスがアテナイに暮らすうえで，マケドニア王家から何らかの便宜がはかられた可能性はある．

学頭時代　335-322年

335年　アテナイに学園リュケイオンを創設

1997年にこのリュケイオンの一部が遺跡として発見されたことが報じられて話題となった．

323年　アレクサンドロス没す

アテナイをはじめとしたギリシアの諸ポリスで反マケドニア勢力が蜂起する．

322年　不敬罪で告発

母方の郷里エウボイア島カルキスに退避，同年この地で没す．ソクラテスの最期に自らを重ねて「アテナイ人たちが再び哲学に対して冒瀆することのないように」と語ったと伝えられている．

アリストテレスの著作として伝わるもの

作品名	ラテン語名(略称)	Bekker 版頁
カテゴリー論	*Categoriae*(*Cat.*)	1–15
命題論	*De Interpretatione*(*De Int.*)	16–23
分析論前書	*Analytica Priora*(*APr.*)	24–70
分析論後書	*Analytica Posteriora*(*APo.*)	71–100
トポス論	*Topica*(*Top.*)	100–164
ソフィスト的論駁について	*De Sophisticis Elenchis*(*SE*)	164–184
自然学	*Physica*(*Phys.*)	184–267
天界について	*De Caelo*(*Cael,.*)	268–313
生成と消滅について	*De Generatione et Corruptione* (*GC*)	314–338
気象論	*Meteorologica*(*Meteo.*)	338–390
宇宙について	*De Mundo*(*Mund.*)	391–401
魂について	*De Anima*(*De An.; DA*)	402–435
[自然学小論集]	*Parva Naturalia*(*PA*)	436–480
感覚と感覚されるものについて	*De Sensu et Sensibilibus*(*Sens.*)	436–449
記憶と想起について	*De Memoria et Reminiscentia* (*Mem.*)	449–453
眠りと目覚めについて	*De Somno et Vigilia*(*Somn.*)	453–458
夢について	*De Insomniis*(*Insomn.*)	458–462
夢占いについて	*De Divinatione per Somnum*(*Div. Somn.*)	462–464
長命と短命について	*De Longitudine et Brevitate Vitae* (*Long.*)	464–467
若さと老いについて，生と死について，呼吸について	*De Juventute et Senectute, De Vita et Morte, De Respiratione* (*Juv.*)	467–480
気息について	*De Spiritu*(*Spir.*)	481–486
動物誌	*Historia Animalium*(*HA*)	486–638

アリストテレスの著作として伝わるもの		
動物の諸部分について	*De Partibus Animalium* (*PA*)	639–697
動物の運動について	*De Motu Animalium* (*MA*)	698–704
動物の進行について	*De Incessu Animalium* (*IA*)	704–714
動物の発生について	*De Generatione Animalium* (*GA*)	715–789
[小論考集]	*Opuscula* (*Ops.*)	
色彩について	*De Coloribus* (*Col.*)	791–799
聴音について	*De Audibilibus* (*Aud*)	800–804
観相学	*Physiognomonica* (*Physiog.*)	805–814
植物について	*De Plantis* (*Plant.*)	815–830
異聞集	*Mirabilium Auscultationes* (*Mir.*)	830–847
機械学	*Mechanica* (*Mech.*)	847–858
問題集	*Problemata* (*Probl.*)	859–967
分割不可能な線について	*De Lineis Insecabilibus* (*LI*)	968–972
風の方位と名称について	*De Ventorum Situ et Nominibus* (*Vet.*)	973–973
メリッソス，クセノパネス，ゴルギアスについて	*De Melisso Xenophane Gorgia* (*MXG*)	974–980
形而上学	*Metaphysica* (*Met.; Metaph.*)	980–1093
ニコマコス倫理学	*Ethica Nicomachea* (*EN*)	1094–1181
大道徳学	*Magna Moralia* (*MM*)	1181–1213
エウデモス倫理学	*Ethica Eudemia* (*EE*)	1214–1249
徳と悪徳について	*De Virtutibus et Vitiis* (*VV*)	1249–1251
政治学	*Politica* (*Pol.*)	1252–1342
家政論	*Oeconomica* (*Oec.*)	1343–1353
弁論術	*Ars Rhetorica* (*Rhet.; Rh.*)	1354–1420
アレクサンドロス宛の弁論術	*Rhetorica ad Alexandrum* (*Rh. Al.*)	1420–1447
詩　学	*Ars Poetica* (*Poet.*)	1447–1462
アテナイ人の国制	*Atheniensium Respublica*	
著作断片集	*Fragmenta*	

中畑正志

1957年，長野県生まれ
1986年，京都大学大学院文学研究科博士後期課程学修指導認定退学．文学博士(京都大学)
現在一京都大学大学院文学研究科教授
専攻一西洋古代哲学，形而上学，心の哲学，思考の歴史
著書一『魂の変容——心的基礎概念の歴史的構成』(岩波書店，2011年，2012年和辻哲郎文化賞)，『はじめてのプラトン——批判と変革の哲学』(講談社現代新書，2021年)，『哲学誕生』(『哲学の歴史1』，共著，中央公論新社，2008年) ほか
訳書一『カテゴリー論』『魂について』(『新版　アリストテレス全集』1,7，岩波書店) ほか

アリストテレスの哲学　岩波新書(新赤版)1966

2023年3月17日　第1刷発行

著　者　中畑正志《なかはたまさし》

発行者　坂本政謙

発行所　株式会社 岩波書店
〒101-8002 東京都千代田区一ツ橋2-5-5
案内 03-5210-4000　営業部 03-5210-4111
https://www.iwanami.co.jp/

新書編集部 03-5210-4054
https://www.iwanami.co.jp/sin/

印刷・三陽社　カバー・半七印刷　製本・中永製本

ISBN 978-4-00-431966-5　Printed in Japan

岩波新書新赤版一〇〇〇点に際して

ひとつの時代が終わったと言われて久しい。だが、その先にいかなる時代を展望するのか、私たちはその輪郭すら描きえていない。二〇世紀から持ち越した課題の多くは、未だ解決の緒を見つけることのできないままであり、二一世紀が新たに招きよせた問題も少なくない。グローバル資本主義の浸透、憎悪の連鎖、暴力の応酬——世界は混沌として深い不安の只中にある。

現代社会においては変化が常態となり、速さと新しさに絶対的な価値が与えられた。消費社会の深化と情報技術の革命は、種々の境界を無くし、人々の生活やコミュニケーションの様式を根底から変容させてきた。ライフスタイルは多様化し、一面では個人の生き方をそれぞれが選びとる時代が始まっている。同時に、新たな格差が生まれ、様々な次元での亀裂や分断が深まっている。社会や歴史に対する意識が揺らぎ、普遍的な理念に対する根本的な懐疑や、現実を変えることへの無力感がひそかに根を張りつつある。そして生きることに誰もが困難を覚える時代が到来している。

しかし、日常生活のそれぞれの場で、自由と民主主義を獲得し実践することを通じて、私たち自身がそうした閉塞を乗り超え、希望の時代の幕開けを告げてゆくことは不可能ではあるまい。そのために、いま求められていること——それは、個と個の間で開かれた対話を積み重ねながら、人間らしく生きることの条件について一人ひとりが粘り強く思考することではないか。その営みの糧となるものが、教養に外ならないと私たちは考える。歴史とは何か、よく生きるとはいかなることか、世界そして人間はどこへ向かうべきなのか——こうした根源的な問いとの格闘が、文化と知の厚みを作り出し、個人と社会を支える基盤としての教養となった。まさにそのような教養への道案内こそ、岩波新書が創刊以来、追求してきたことである。

岩波新書は、日中戦争下の一九三八年一一月に赤版として創刊された。創刊の辞は、道義の精神に則らない日本の行動を憂慮し、批判的精神と良心的行動の欠如を戒めつつ、現代人の現代的教養を刊行の目的とする、と謳っている。以後、青版、黄版、新赤版と装いを改めながら、合計二五〇〇点余りを世に問うてきた。そして、いままた新赤版が一〇〇〇点を迎えたのを機に、人間の理性と良心への信頼を再確認し、それに裏打ちされた文化を培っていく決意を込めて、新しい装丁のもとに再出発したいと思う。一冊一冊から吹き出す新風が一人でも多くの読者の許に届くこと、そして希望ある時代への想像力を豊かにかき立てることを切に願う。

（二〇〇六年四月）

岩波新書より

哲学・思想

死者と霊性　末木文美士編
道教思想10講　神塚淑子
マックス・ヴェーバー　今野元
新実存主義　マルクス・ガブリエル　廣瀬覚訳
日本思想史　末木文美士
ミシェル・フーコー　慎改康之
ヴァルター・ベンヤミン　柿木伸之
モンテーニュ 人生を旅するための7章　宮下志朗
マキァヴェッリ　鹿子生浩輝
世界史の実験　柄谷行人
ルイ・アルチュセール　市田良彦
異端の時代　森本あんり
ジョン・ロック　加藤節
インド哲学10講　赤松明彦
マルクス 資本論の哲学　熊野純彦
日本文化をよむ 5つのキーワード　藤田正勝
中国近代の思想文化史　坂元ひろ子
憲法の無意識　柄谷行人
ホッブズ リヴァイアサンの哲学者　田中浩
プラトンとの哲学 対話篇をよむ　納富信留
〈運ぶヒト〉の人類学　川田順造
哲学の使い方　鷲田清一
ヘーゲルとその時代　権左武志
人類哲学序説　梅原猛
加藤周一　海老坂武
哲学のヒント　藤田正勝
空海と日本思想◆　篠原資明
論語入門　井波律子
トクヴィル 現代へのまなざし　富永茂樹
和辻哲郎　熊野純彦
現代思想の断層　徳永恂
宮本武蔵　魚住孝至
西田幾多郎　藤田正勝
丸山眞男　苅部直
西洋哲学史 近代から現代へ　熊野純彦
西洋哲学史 古代から中世へ　熊野純彦
世界共和国へ　柄谷行人
悪について　中島義道
神、この人間的なもの◆　なだいなだ
偶然性と運命　木田元
近代の労働観　今村仁司
プラトンの哲学　藤沢令夫
術語集Ⅱ　中村雄二郎
マックス・ヴェーバー入門　山之内靖
ハイデガーの思想　木田元
臨床の知とは何か　中村雄二郎
新哲学入門　廣松渉
「文明論之概略」を読む 上・中・下　丸山真男
術語集　中村雄二郎
死の思索　松浪信三郎
戦後思想を考える◆　日高六郎
イスラーム哲学の原像　井筒俊彦

岩波新書／最新刊から

1957 **政治と宗教** ―統一教会問題と危機に直面する公共空間― 島薗　進　編

元首相銃殺事件が呼び起こした「政治と宗教」の問題をめぐる緊急出版。国際的視野からの比較も含めて、公共空間の危機を捉え直す。

1958 **いちにち、古典** 〈とき〉をめぐる日本文学誌 田中貴子　著

誰にも等しく訪れる一日という時間を、見ぬ世の人々はいかに過ごしていたのだろう。描かれた「とき」を駆けめぐる古典入門。

1959 **医の変革** 春日雅人　編

コロナ禍で医療は課題に直面し、一方ＡＩなどの技術革新は変革をもたらす。日本医学会総会を機に各分野の第一人者が今後を展望。

1960 **法の近代** 権力と暴力をわかつもの 嘉戸一将　著

法と国家の正統性をめぐって繰り返されてきた議論の歴史。そこにこそ、人間的な生を享受するため、私たちが論ずべきことがある。

1961 **ウクライナ戦争をどう終わらせるか** ―「和平調停」の限界と可能性― 東　大作　著

ウクライナ侵攻開始から一年。非道で残酷な戦争を終結させる方法はあるのか。国際社会、日本が果たすべき役割を検討する。

1962 **「音楽の都」ウィーンの誕生** ジェラルド・グローマー　著

宮廷や教会による支援、劇場の発展、音楽教育の普及など、十八世紀後半のウィーンに音楽文化が豊かに形成されていく様相を描く。

1963 **西洋書物史への扉** 髙宮利行　著

扉を開けば、グーテンベルクやモリスなど、本の歴史を作った人々が待っています。ようこそ書物と人が織りなすめくるめく世界へ。

1964 **占領期カラー写真を読む** ―オキュパイド・ジャパンの色― 佐藤洋一 衣川太一　著

日本の黒い霧を晴らし、認識の空白を埋める、あざやかな色。占領者が撮影した写真を読み解き、歴史認識を塗り替える待望の一冊。

(2023. 3)